MARCO POLO

Tschechien

Reisen mit Insider Tipps

Diesen Führer schrieben Jürgen Herda, der als Redakteur bei der »Prager Zeitung« tätig war, und die Lektorin Monika Angerer-Herda. Beide halten sich regelmäßig in Tschechien auf.

marcopolo.de

Die aktuellsten Insider-Tipps finden Sie unter www.marcopolo.de, siehe auch Seite 108

MAIRS GEOGRAPHISCHER VERLAG

SYMBOLE

MARCO POLO INSIDER-TIPPS:
Von unseren Autoren für Sie entdeckt

★ **MARCO POLO HIGHLIGHTS:**
Alles, was Sie in Tschechien kennen sollten

HIER HABEN SIE EINE SCHÖNE AUSSICHT

WO SIE JUNGE LEUTE TREFFEN

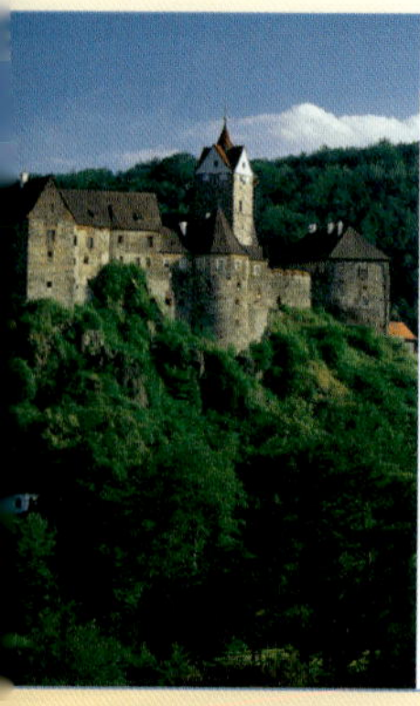

PREISKATEGORIEN

Hotels

€€€	über 65 Euro
€€	35–65 Euro
€	unter 35 Euro

Die Preise gelten pro Nacht für zwei Personen im Doppelzimmer.

Restaurants

€€€	über 13 Euro
€€	7–13 Euro
€	unter 7 Euro

Die Preise beziehen sich auf ein dreigängiges Mer ohne Getränk.

KARTEN

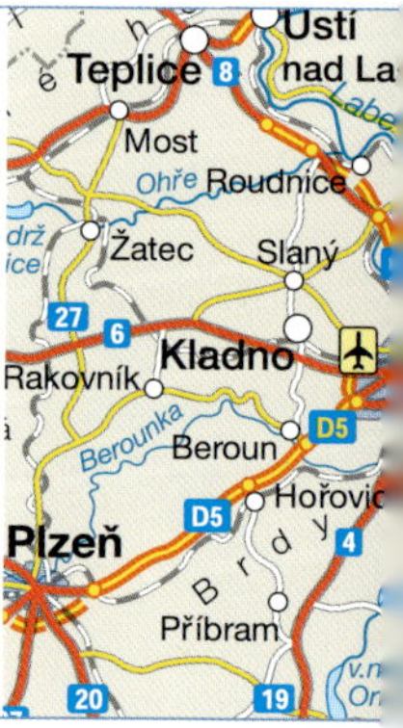

[118 A1] Seitenzahlen und Koordinaten für den Reiseatlas Tschechien

Karten zu Brno (Brünn), Karlovy Vary (Karlsbad), Olomouc (Olmütz) und Plzeň (Pilsen) finden Sie im hinteren Umschlag.

Zu Ihrer Orientierung sind auch die Orte mit Koordinaten versehen, die nicht im Reiseatlas eingetragen sind.

GUT ZU WISSEN

INHALT

Die wichtigsten MARCO POLO Highlights

Sehenswürdigkeiten, Orte und Erlebnisse, die Sie nicht verpassen sollten

1 Prager Theaterfestival der deutschen Sprache
Mitte November besetzen renommierte deutsche und österreichische Ensembles die Bühne des Theaters an den Weinbergen (Seite 25)

2 Petřin-Aussichtsturm
Von der Eiffelturmkopie auf dem Prager Petřin-Hügel aus verliert der Betrachter niemals die Übersicht (Seite 31)

3 Karlštejn
Das in Stein gehauene Machtsymbol Kaiser Karls IV. (Seite 33)

4 Promenade Karlovy Vary
Dem vergilbten Charme der Bäderbeschaulichkeit verpasst die Promenade einen modernen Anstrich (Seite 38)

5 Velká synagoga
Immer mehr Touristen entdecken die renovierte, zweitgrößte Synagoge Europas in Pilsen (Seite 44)

6 Náměstí Přemysla Otokara II. in České Budějovice
Der Budweiser Marktplatz sorgt mit Arkaden und Cafés für mediterranes Flair in Südböhmen (Seite 47)

7 Maskensaal in der Burg von Český Krumlov
Der kuriose Maskensaal verblüfft mit einer vom Boden bis zur Decke reichenden Illusionsmalerei (Seite 50)

Bäderarchitektur in Karlsbad

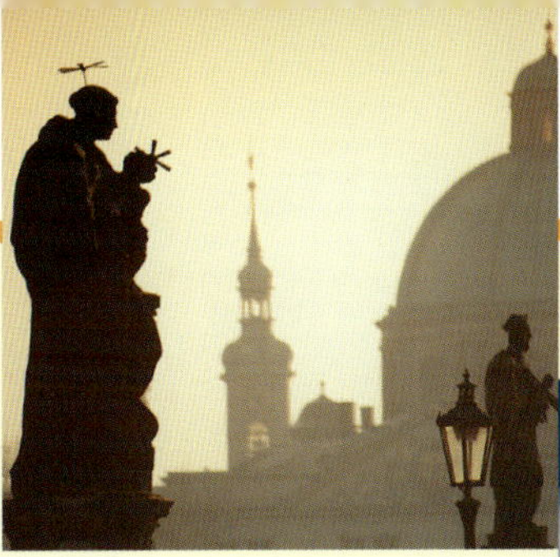

Die Karlsbrücke in Prag

8 Museum des animierten Films in Kratochvíle
Im Wasserschloss Kratochvíle ist alles versammelt, was im Trickfilm Rang und Namen hat (Seite 57)

9 Muzeum východních Čech
Originelle Ausstellungen in einem sehenswerten Bau der Sezession in der ostböhmischen Stadt Königgrätz (Seite 62)

10 Pernštejnské náměstí
Der völlig intakte Platz in Pardubice ist das Aushängeschild dieser in der Renaissance entworfenen Musterstadt (Seite 64)

11 Rathaus in Liberec
Das imposante Rathaus im Stil der flämischen Renaissance dominiert das Stadtbild von Liberec (Seite 68)

12 Burgschloss Frýdlant
Möglicherweise das architektonische Vorbild für Kafkas »Schloss« (Seite 68)

Prost: ein Bud in Budweis

13 Walachisches Freilichtmuseum
Imitation des dörflichen Lebens vor der Industrialisierung mit historischen Gebäuden – teilweise mit Handwerkern in Szene gesetzt (Seite 74)

14 Gesamtkunstwerk Olomouc
Als Nordmährens Kulturzentrum ist die prunkvolle alte Bischofsstadt unangefochten (Seite 75)

15 Villa Tugendhat
Bauhausstar Mies van der Rohe hat in Brünn ein Denkmal der architektonischen Avantgarde hinterlassen (Seite 85)

★ Die Highlights sind in der Karte auf dem hinteren Umschlag eingetragen

Entdecken Sie Tschechien!

Böhmisch-mährische Variationen: unberührte Urwälder, elegante Bäder und pulsierendes Leben in den Großstädten

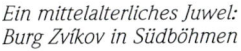

Leben wie ein Bohemien: Straßencafé in der Altstadt von Prag

Das magische Viereck zwischen zahlreichen Gebirgszügen ist ein Land, in dem Märchen und Sagen blühen. Die tschechischen Literaten und Regisseure beschenkten die Welt mit unvergesslichen Schnurren: angefangen beim Prototyp des künstlichen Menschen, dem Golem, geschaffen von Rabbi Löw und in der Literatur verewigt von Gustav Meyrink, über die sprechenden Molche des Utopisten Karel Čapek bis zu den Fernsehlieblingen von Kindern rund um den Globus – Pan Tau, der kleine Maulwurf und die Märchenbraut. Dieses kulturelle Erbe hat in den historischen Ländern Böhmen und Mähren-Schlesien seine Spuren hinterlassen. Wer den großen Flussläufen des Landes folgt – von der Moldauquelle im Böhmerwald bis zum Elbsandsteingebirge –, der versteht, warum dieser Miniaturkosmos in der Literatur so oft beschrieben worden ist. Böhmische Dörfer, mährische Burgen und schlesische Städte formieren sich vor dem inneren Auge zu einem Panorama, das von der Laterna Magica an die Wand geworfen sein könnte: surreal und zutiefst tschechisch. Den Kristallisationspunkt der phantastischen Seele Tschechiens findet man im südböhmischen Wasserschloss Kratochvíle (Kurzweil). Bereits seit 1981 präsentiert dort »Kurzfilm Prag« einen Querschnitt durch den animierten Film von seinen Anfängen bis zur Gegenwart. Vom ersten Strich bis zum Endprodukt lässt sich nachvollziehen, warum der tschechische Trickfilm in den Nachkriegsjahren Weltruhm erlangte.

Mit einer Fläche von rund 78 000 km^2 und einer Einwohnerzahl von gut 10 Mio. ist die Tschechische Republik etwas größer als Bayern. Die sieben Regionen Nord-, Ost-, Süd-, West- und Mittelböhmen (samt Prag) sowie Nord- und

Ein mittelalterliches Juwel: Burg Zvíkov in Südböhmen

Geschichtstabelle

9. Jh. Großmährisches Reich: Das slawische Machtgebiet reicht von Breslau bis Budapest

11. Jh. Vratislav II. aus dem Geschlecht der Přemysliden erhält 1085 die böhmische Königskrone verliehen. Böhmen wird Königreich

14. Jh. Als Karl IV. 1355 römischer Kaiser wird, steigt Prag zur Hauptstadt des alten Europa auf

16. Jh. Mit der Krönung des ersten Habsburger-Kaisers Ferdinand I. 1527 zum böhmischen König versinkt die böhmische Nation und mit ihr die tschechische Sprache in einem jahrhundertelangen Dornröschenschlaf

17. Jh. Der Widerstand der protestantischen Stände gegen die Habsburger löst den 30-jährigen Krieg aus, nachdem kaiserliche Statthalter aus einem Fenster des Hradschin gestoßen werden

19. Jh. Die Wiederentdeckung der tschechischen Sprache und Kultur beginnt

1918 »Befreierpräsident« Tomáš G. Masaryk zieht umjubelt in Prag ein, Ausrufung der Ersten Republik

1938–45 Nach dem Münchner Abkommen von 1938 besetzen deutsche Truppen das Sudetenland. Im März 1939 zwingt Hitler die Slowakei zur Unabhängigkeitserklärung und besetzt einen Tag später die so genannte Resttschechei, die er in Protektorat Böhmen und Mähren umtauft

1945–48 Die berüchtigten Beneš-Dekrete führen u. a. zur Vertreibung der Sudetendeutschen. 1948 übernimmt die KP die alleinige Macht

1948–68 Nach stalinistischen Säuberungen und dem Tod Stalins setzt Anfang der 60er-Jahre ein Tauwetter ein, das unter Dubček in den Prager Frühling mündet. Die Truppen des Warschauer Pakts beenden 1968 den »Sozialismus mit menschlichem Antlitz«

1989–1992 Studentendemonstrationen lösen einen allgemeinen, friedlichen Volksaufstand aus. Nach zähen Verhandlungen tritt Präsident Husák, später die gesamte KP-Regierung zurück. Václav Havel zieht als Präsident in die Burg ein

1992/93 Trotz atemberaubenden Transformationstempos gelingt es der föderativen Regierung nicht, eine gemeinsame tschechoslowakische Verfassung zu entwerfen. Die friedliche Teilung der ČSFR ist die logische Folge. Eine liberal-konservative Koalition unter Premier Václav Klaus regiert bis 1997

1998 Miloš Zeman bildet eine sozialdemokratische Minderheitsregierung

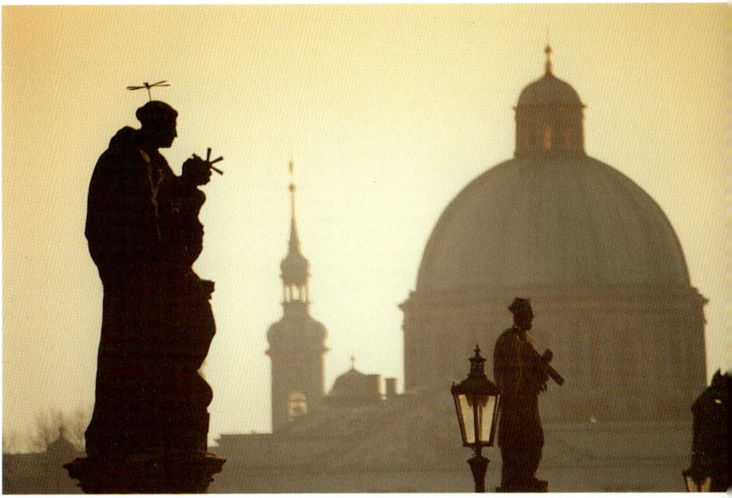

30 Statuengruppen wachen seit dem 14. Jh. über die Prager Karlsbrücke

Südmähren sind keine gewachsenen politischen oder kulturellen Einheiten. Die Kleinheit des Lands und der Pragozentrismus haben föderale Strukturen verhindert. Die »Goldene Stadt« Prag (Praha) im Zentrum Mitteleuropas hat ihre beherrschende Rolle nicht zufällig. Als »Mutter der Städte«, »hunderttürmiges Prag«, »ein Kollier am Hals Europas« wurde die Moldaumetropole bezeichnet, und Franz Kafka sah in ihr ein »Mütterchen mit Krallen«, das ihn nicht mehr losließ. Die Prager selbst drücken sich prosaischer aus: »V Praze je blaze« – in Prag fühlt man sich wohl. Das belegen jährlich 20 Mio. Touristen, die das schönste Panorama Europas vom Hradschin aus bewundern. Wie das ewige Rom umgeben auch die tschechische Hauptstadt sieben Hügel, die sich um ein historisches Ensemble mit architektonischen Glanzleistungen gruppieren. Mitten durch diese städtische Schönheit fließt die von Smetana sinfonisch verdichtete Moldau mit ihren acht Inseln.

» Ein Land, in dem Märchen und Sagen blühen «

Südlich von Prag schwillt in der Region Mittelböhmen die Moldau mit nasser Verstärkung durch die Berounka und die Sázava zu einem stolzen Strom an, ehe sie sich unterhalb von Schloss Mělník in den Fluten der Elbe verliert. Die beiden südlichen Nebenflüsse durchqueren reizvolle Landschaftsschutzgebiete (Křívoklatsko, Český kras), Naherholungsbereiche für die Prager. Kaum 30 km westlich von Prag präsentiert der Böhmische Karst eine fast weltfremde Abgeschiedenheit.

Die Region Westböhmen zerfällt geografisch in mehrere Landschaften. Das Becken des Egerlands im Nordwesten wird von den Ausläu-

Das Traumschloss Hluboká gehörte bis 1945 den »Südböhmenkönigen«

fern des Oberpfälzer Walds, des Fichtelgebirges und des Kaiserwalds eingeschlossen. Die vielen Mineralquellen gehen auf jungvulkanische Tätigkeit zurück.

Mariánské Lázně profitiert von seiner Lage am bewaldeten Westrand des Tepler Hochlands, das wegen seiner alkalischen Kohlensäurewässer bekannt ist. Zwischen diesem Hochland, dem Niederen Böhmerwald und dem Mittelböhmischen Waldgebirge breitet sich das Pilsener Becken aus, in dem sich vier Quellflüsse zur Berounka vereinigen.

»Renaissancestädte mit mediterranen Marktplatzarkaden«

In Südböhmen gibt es außer unberührten Wäldern, die hin und wieder von einer Seenlandschaft unterbrochen werden, Renaissancestädtchen mit fast mediterranen Marktplatzarkaden, großzügig über die grünen Hügel verteilte Burgen und Schlösser sowie urbanes Leben in der südböhmischen Universitätsstadt České Budějovice. Die beste Werbung für Südböhmen ist das Reiseverhalten der Tschechen selbst: Die meisten Einheimischen verbringen ihren Urlaub rund um die rauschende Šumava (Böhmerwald).

Zwischen den Wäldern des Adlergebirges an der nordöstlichen Landesgrenze und der sanften Hügellandschaft der Böhmisch-Mährischen Höhe erstreckten sich in der fruchtbaren Elbebene die Jagdgründe des ostböhmischen Adelsgeschlechts derer von Pernstein. Dessen Angehörige hinterließen nicht nur zahlreiche Jagdschlösser, sondern mit der im 16. Jh. nach einem einheitlichen Plan umgebauten Stadt Pardubice auch eine mustergültig angelegte Renaissancestadt.

In Nordböhmen lockt das Böhmische Paradies mit bizarren Felsformationen und wildromantischen Burgen. An der Grenze zu Sachsen und Polen laden Elbsandstein-, Iser- und Riesengebirge zu Kletterpartien und Wintersport ein.

Nordmährens Facetten reichen vom hektischen Großstadttreiben in Ostrava bis zur ländlichen Einsamkeit des Kuhländchens, dessen bunt gefleckte Rinderrasse auf den Wiesen zwischen dem Altvatergebirge und den mährisch-schlesischen Beskiden auf die Almen getrieben wird. Kilometerlange Alleen mit glänzend roten Äpfeln führen in den hintersten Zipfel Nordmährens, zum Altvatergebirge.

»Böhmen prägte einen Lebensstil: den des Bohemiens«

Malerische Kleinstädte mit mediterranem Charme verführen zu Weinproben in den südmährischen Winzerhochburgen um Mikulov und Znojmo. Zu den charakteristischsten Landschaften Südmährens gehören die 30 km breite, fruchtbare Hanna-Ebene südlich von Olomouc (Olmütz) und das südmährische Hügelland zwischen Znojmo (Znaim) und Brno (Brünn), dessen sonniges Klima und fette Böden die Weinkultur dieser Gegend zur Blüte brachten.

Böhmen ist eine europäische Kulturlandschaft, die klassische Bildungsreisende jahrelang beschäftigen könnte. In den Hunderten von Schlössern und Burgen, in den historischen Städten und Dörfern wurde von Přemysliden-Königen, Habsburger-Kaisern, tschechoslowakischen und später tschechischen Staatsmännern europäische Politik maßgeblich mitgestaltet. Tschechische Maler, österreichische Bildhauer und italienische Architekten fanden böhmische Varianten für europäische Kunstentwicklungen und prägten einen Epoche machenden Lebensstil: den des Bohemiens, des gewieften, lebenslustigen Tschechen, der die steifen Deutschen und Österreicher an der Nase herumführt.

Diese Schwejkschen Helden des mitunter hoffnungslosen, aber stets genussvollen Widerstands führten schließlich eine samtene Revolution durch, deren Schaltzentrale das surrealste Theater Prags war: die Laterna Magica. Ist es nicht ein modernes Märchen, dass der prominenteste Häftling des kommunistischen Regimes, Václav Havel, zum Präsidenten der demokratischen Republik gewählt wurde?

Die Aussprache des Tschechischen

Trotz weniger Vokale, vieler *háčky* (Häkchen) und *čárky* (Akzente) ist die Aussprache nicht allzu schwierig. Betont wird generell auf der ersten Silbe.

c wie in Cäsar	ě wie je	š wie sch
č wie tsch	ň wie nj	t' wie tj
ch wie in Buch	ř wie rsch	z wie s in Sieg
d' wie dj	s wie ß in Fuß	ž wie j in Journal

Die Tschechen lieben Querdenker

Eine alphabetische Gebrauchsanweisung für den tschechischen Way of Life

Ahoj
Am Anfang und Ende einer Begegnung grüßt man sich freundschaftlich mit *ahoj.* Ungeklärt ist, ob diese nautische Formel auf einen geografischen Irrtum Shakespeares zurückzuführen ist, der Böhmen am Meer ansiedelte, oder auf den Nationaldichter Bohumil Hrabal, der die Liebe der Böhmen zum Matrosenleben so auf den Punkt brachte: »Die böhmischen Teiche sind Inseln im Meer der Erde.«

Euregios und Europa
Rund um Tschechien ermöglichen von der EU geförderte, grenzüberschreitende Euregio-Projekte Kontakte und gemeinsame wirtschaftliche Strategien für bilaterale Regionen. Der Weg in die EU hat für Tschechien oberste Priorität. Der Zeitpunkt der Aufnahme hängt aber nicht nur von den Anstrengungen Tschechiens ab. Auch die EU muss sich noch auf die Integration weiterer Mitglieder vorbereiten.

Golem
Den Vorläufer von Frankensteins Monster schuf einer Legende nach der Prager Rabbi Löw. Der künstliche Mensch machte sich später selbstständig und terrorisierte das Ghetto. Gustav Meyrink erweckte in seiner literarischen Adaption das magische Prag und das im 19. Jh. abgerissene Judenviertel zu neuem Leben. Heute wird die unförmige Gestalt des Golems in erster Linie als Souvenir verkauft.

Aus fast keinem Ort wegzudenken: die barocken Pestsäulen

Hussiten
Jan Hus stieg zum bedeutendsten Reformator des Katholizismus auf und wurde nach dem Konstanzer Konzil von 1415 auf dem Scheiterhaufen verbrannt. Der Hussitismus beinhaltete nicht nur religiöse, sondern bereits soziale und nationale Emanzipationsbestrebungen, die schließlich in die Hussitenkriege (1419–1436) mündeten. Nach dem Heerführer der hussitischen Taboristen, Jan Žižka, ist der Prager Stadtteil Žižkov benannt. Die historischen Helden stehen bei vielen Tschechen für den Mythos vom Widerstandsgeist und der (ur-)demokratischen Tradition des tschechischen Volks.

Ironie
Eine Galerie tschechischer Ironiker würde Bände füllen. Stellvertretend

für tschechischen Humor steht das schlitzohrige Original des braven Soldaten Schwejk, der mit gerissener Unschuld die Autorität des habsburgischen Militärs in Frage stellte. Nach dem gleichen Muster wehrten sich die Tschechen gegen die Soldaten der Warschauer-Pakt-Staaten, die 1968 dem Prager Frühling ein gewaltsames Ende setzten. In der ersten Phase verwirrten sie die Besatzer mit vertauschten Straßen- und Ortsschildern, sodass sich einige Soldaten bei der Ankunft in einem Kuhkaff bereits in Prag wähnten. Aufzuhalten war die Besetzung mit solchen Späßen allerdings nur kurze Zeit.

Juden

Wie in fast allen europäischen Staaten hatten auch die tschechischen Juden unter dem Antisemitismus ihrer Mitbürger zu leiden. Die Tschechen betrachteten sie als Teil der herrschenden, Deutsch sprechenden Klasse, der ihrer Unabhängigkeit im Weg stand, und die Deutschen dachten gar nicht daran, sie als Volksgenossen zu akzeptieren. Trotz etlicher Pogrome glückte zu Beginn des 20. Jhs. eine deutsch-jüdisch-tschechische Kultursymbiose. Während der deutschen Besatzung wurden die tschechischen Juden fast vollständig vernichtet. Heute sind die Angehörigen der jüdischen Gemeinden in Tschechien überwiegend slowakische Juden, die sich nach 1945 im tschechischen Landesteil niederließen.

Kafka & Konsorten

Die deutsch-jüdisch-tschechische Kultursymbiose des ausgehenden 19. und beginnenden 20. Jhs. ließ Prag für kurze Zeit in die Liga der europäischen Literaturhauptstädte aufsteigen. Einsamer Höhepunkt der Prager deutschen Literatur ist das Werk Franz Kafkas, in dem sich die gleichermaßen bedrohliche wie unfreiwillig komische Atmosphäre jener Zeit verdichtet. In seinem Windschatten behaupten sich bis heute die Bücher von Max Brod, Egon Erwin Kisch, Gustav Meyrink, Leo Perutz, Ernst Weiß und Franz Werfel. Die 1938/39 noch in der Tschechoslowakei lebenden Schrift-

Böhmische Dörfer

Ein deutsch-tschechisches Babylonien

Eine der Erklärungen für diese Redewendung besagt, mit ihr hätten die deutschen Siedler die für sie unaussprechlichen tschechischen Ortsbezeichnungen verulkt. Zugegeben, Namen wie Valašské Meziříčí (sprich: Walaschskä Mäsirschietschie) oder České Budějovice (sprich: Tscheskä Budjejowize) gehen Deutschen nicht auf Anhieb über die Zunge. Beide Völker taten im Übrigen ihr Bestes, mit ihren Namensschöpfungen eine babylonische Sprachverwirrung herbeizuführen, die nicht unwesentlich zu den deutsch-tschechischen Verständigungsschwierigkeiten beigetragen haben dürfte.

Franz Kafka ist der Heros der deutschsprachigen tschechischen Literatur

steller verließen nach dem deutschen Einmarsch das Land.

Laterna Magica

Alfred Radock und Jan Svoboda entwickelten für den tschechoslowakischen Pavillon bei der Brüsseler Weltausstellung 1958 ein Montageverfahren, das Elemente des Films, des Theaters und der Pantomime vereint. Ein Jahr später hatte die Laterna Magica in Prag ein eigenes Theater, in dem Schauspieler aus der Kinoleinwand heraustreten, im realen Geschehen mitmischen und wieder im Zelluloid verschwinden.

Literatur

Die Werke tschechischer Schriftsteller, die bis 1989 nur im Exil erschienen oder in verbotenen, oft handschriftlich verfassten Ausgaben kursierten, erlebten in der ersten postsozialistischen Phase eine glanzvolle Renaissance. Die Romane von Milan Kundera (»Der Scherz«, »Das Buch der lächerlichen Liebe«, »Die unerträgliche Leichtigkeit des Seins«), Ludvík Vaculíks berühmter Vater-Sohn-Roman »Das Beil« oder sein »Tschechisches Traumbuch« wurden neu verlegt, ebenso die Gedichte des Mähren Jan Skácel, die absurden Theaterstücke Václav Havels und die Stücke und Romane Pavel Kohouts. Etwa zur gleichen Zeit meldeten sich neue Autoren zu Wort. Michal Viewegh feierte mit »Blendende Jahre für Hunde« einen großen Erfolg, und Jáchym Topol setzte mit »Exit Engel« Maßstäbe für die Literatur nach 1989.

Musik

Wolfgang Amadeus Mozart feierte seine größten Erfolge in Prag. Werke der drei berühmtesten tschechischen Komponisten Antonín Dvořák, Bedřich Smetana, Leoš Janáček werden noch heute oft aufgeführt. Das innige Verhältnis der Tschechen zur Musik macht sich aber nicht nur in der Klassik bemerkbar. Zu fortgeschrittener Stunde kann man sich in jedem Dorfwirtshaus sicher sein, dass alle Gäste lauthals die Gassenhauer der tschechischen Volksmusik und der internationalen Folkszene intonieren.

Nepomuk
Die Skulptur des böhmischen Brückenheiligen blickt von fast jeder Moldaubrücke. Und das hat seinen Grund: Um den unliebsamen Intellektuellen loszuwerden, dichtete König Wenzel dem Geistlichen eine Affäre mit seiner Gattin an und ertränkte ihn in der Moldau.

Občanské Forum (OF)
OF, übersetzt Bürgerforum, hieß die oppositionelle Sammelbewegung, zu der sich Ende 1989 Studenten, Schauspieler, Intellektuelle und Arbeiter vereinigten, um das kommunistische Regime zu stürzen. Václav Havel, ihr charismatischer Führer, ging im Gegensatz zur Bevölkerungsmehrheit keine Kompromisse mit der »Normalisierungspolitik« ein. So hieß euphemistisch die Rückkehr zu – etwas verfeinerten – stalinistischen Methoden nach der Niederschlagung des Prager Frühlings 1968. Havel bezahlte seine offenen Briefe an den Präsidenten der damaligen ČSSR, Gustav Husák, und seine sarkastischen Theaterstücke mit Berufsverbot und Gefängnis. Belohnt wurde seine Tapferkeit mit dem Aufstieg zum Dichterpräsidenten. Das heterogene OF zerfiel nach der Ablösung des KP-Regimes, es bildete sich ein Parteiensystem westlichen Musters.

Parteien
Die wichtigsten Parteien: ČSSD: Tschechische Partei der Sozialdemokratie. Ihr Vorsitzender Miloš Zeman leitet eine Minderheitsregierung. KDU-ČSL: Christlich-Demokratische Union/Tschechische Partei des Volkes. KSČM: Kommunistische Partei Tschechiens und Mährens. Sie war lange die orthodoxeste KP der Reformstaaten, leitete aber schließlich einen vorsichtigen Kurswechsel ein. ODS: Bürgerlich-Demokratische Partei. Sie stellte als stärkste Partei bis 1998 mit Václav Klaus den Ministerpräsidenten.

Pestsäule
Sie fehlt in kaum einer tschechischen Stadt. Mal vergoldet und mit bombastischem Figurenaufsatz, mal in bescheidener Ausführung, ist die barocke Pestsäule ein fester Bestandteil böhmisch-mährischer Marktplätze. Das geht zum einen darauf zurück, dass der schwarze Tod im Gefolge des Dreißigjährigen Krieges hier besonders heftig tobte. Zum anderen zeigte die k. u. k. Monarchie mit diesem katholisch-barocken Symbol, das meist von einer Marienstatue gekrönt wird, Flagge.

»Rasender Reporter«
Gemeint ist Egon Erwin Kisch (1885–1948), der seine journalistische Karriere Anfang des 20. Jhs. als Volontär beim »Prager Tagblatt« und als Lokalreporter bei der »Bohemia« begann. Auf die Tradition des liberalen Tagblatts beruft sich heute die »Prager Zeitung«, die erste Wochenzeitung, die seit der Wende in deutscher Sprache über tschechische Politik, Wirtschaft und Kultur berichtet.

Sport
So wichtig der Fußball für die Tschechen auch ist, Nationalsport Nummer eins bleibt das Eishockey.

Mährische Volksmusik: ein unwiderstehlicher, exotischer Rhythmus

Der schönste Erfolg neben vielen olympischen Medaillen und WM-Titeln war der Sieg über die Sowjetunion kurz nach der Invasion von 1968.

Volksmusik

Mährische Volkslieder sind sogar für einen Böhmen nur schwer zu singen. Sie sind denkbar vielfältig, schwanken zwischen den Tonarten und verzichten auf den disziplinierenden Leitton. Doch der exotische Rhythmus z. B. der Tanzlieder überträgt sich unwillkürlich auf die Zuhörer.

Wirtschaft

In ihrem letzten Fortschrittsbericht stellt die Europäische Kommission fest: »Die Tschechische Republik kann als funktionierende Marktwirtschaft bezeichnet werden, aber es sind weitere Strukturreformen notwendig, damit sie mittelfristig Aussichten hat, dem Wettbewerbsdruck in der EU standzuhalten.« Dazu gehören in erster Linie die konsequent betriebene Privatisierung von Bankhäusern, Großbetrieben und industriellen Komplexen. Nach beeindruckenden Anfangserfolgen geriet der Konjunkturmotor jedoch in letzter Zeit spürbar ins Stottern.

Zigeuner

Die ungeliebte Minderheit, politisch korrekt Roma und Sinti, wird als *cíkáni* verschmäht. Nach der Vertreibung der Deutschen wurden viele in den entvölkerten Grenzgebieten angesiedelt und zur Industriearbeit gezwungen. Zerrüttete Familien, die in Slums vegetieren, sind nicht selten. Der Teufelskreis aus Ausgrenzung, Arbeitslosigkeit und Kriminalität führte 1998 zu einer spektakulären Ausreisewelle. Gleichzeitig bemühen sich eine Roma-Vereinigung sowie tschechische Bürgerinitiativen mit Bildungsprogrammen und Streetworkern um Integration.

Kuchař, bleib bei deiner svíčková!

Von der »unerträglichen Leichtigkeit des Seins« ist in der böhmischen Küche wenig zu spüren

Viele Jahrhunderte im Staatenbund der Österreichisch-Ungarischen Monarchie haben den Speisezettel Böhmens und Mährens nachhaltig geprägt. Dabei ist heute kaum mehr zu sagen, was zuerst da war: die böhmischen *palačinky* oder die Wiener Palatschinken, das ungarische Gulasch oder das böhmische *guláš*, der bayerisch-österreichische Schweinebraten mit Knödeln und Kraut oder das tschechische *vepřo, knedlo, zelo.* Ist ja auch nicht so wichtig, jedenfalls unterscheidet sich die Speisekarte im tschechischen *restaurace* nur marginal von der in den traditionellen Wirtshäusern von Wien, Linz oder Budapest.

Die Auswahl an Gerichten der böhmischen Küche und an internationalen Speisen ist in nahezu jedem Dorfwirtshaus äußerst beeindruckend: Sie können in der Regel zwischen mehreren Suppen, kalten und warmen Vorspeisen, einem Dutzend Fisch- und Geflügelgerichten, einer ganzen Latte von Spezialitäten des Hauses sowie den wichtigsten Mehl- und Süßspeisen wählen. Mit Ausnahme weniger Spitzenrestaurants ist der Preis meist äußerst sympathisch, die Qualität recht ordentlich. Ein paniertes Schnitzel mit Pommes *(smažený řízek)* kostet selten mehr als vier Euro.

Ob im feinen Restaurant oder in der zünftigen pivnice: Das passende Getränk ist (fast) immer ein Bier

Ausdrücklich gewarnt sei vor Ausflügen der böhmischen Köche in das Genre der chinesischen und italienischen Küchenkunst. Sollte Sie wirklich einmal die Lust auf exotisches Essen überkommen, werfen Sie einen Blick in die Küche, ob dort auch tatsächlich ein Südländer oder Asiate als *kuchař* (Koch) seinen Dienst verrichtet. Inzwischen haben sich an einigen Orten hervorragende Pizzerien angesiedelt, die langsam, aber sicher die böhmische Esskultur revolutionieren. Diese zu finden gleicht allerdings häufig der berühmten Suche nach der Nadel im Heuhaufen. Denn die Experimentierlust tschechischer Gastronomen hat zu einer regelrechten Pizzenschwemme geführt – und die eigenwilligen Kreationen, die dabei entstehen, sind häufig alles andere als appetitanregend. Bleiben Sie also lieber bei böhmischen Gerichten, etwa dem Nationalgericht Nummer zwei, der *svíčková.*

Falls Sie einmal das Glück haben sollten, bei einer tschechischen Familie zu Gast zu sein, wissen Sie erst, was böhmische Küche bedeutet. Stel-

Tschechische Spezialitäten

Lassen Sie sich diese Köstlichkeiten gut schmecken!

Becherovka – ein nach seinem Erfinder benannter bitterer Kräuterlikör

Bramborák – pikant gewürzter, handgroßer Kartoffelpuffer

Budvar – Das berühmte Bier aus Budweis findet sich fast überall auf der Getränkekarte.

Česká kava – eine Art türkischer Kaffee mit Satz, in Tschechien die übliche Art, Kaffee zu trinken

Česneková polevka – Knoblauchsuppe mit Käse, Schinken, Schnittlauch und geröstetem Brot

Chlebičky – Das »Smörrebröd« der Tschechen: Brötchen, die in unzähligen Variationen mit Salami, Schinken, Käse und Salaten – insbesondere dem böhmischen Kartoffelsalat – zu kunstvollen Kanapees kombiniert werden

Husa pečená – Gänsebraten

Kachna pečená – Entenbraten

Knedlíky – verschiedene Varianten von Kartoffel- und Semmelknödeln, oft als in Scheiben geschnittene Serviettenknödel serviert

Opékané brambory/ bramborový salát – Bratkartoffeln bzw. böhmischer Kartoffelsalat mit Mayonnaise, Eiern, Gewürzgurken und Schinkenwürfeln (die Zutaten variieren je nach Region)

Ovocné knedlíky s borů vkovou polevou – Obstknödel mit Heidelbeerguss

Palačinky se zavař eninou, ovoce, karamelová poleva – Palatschinken mit Konfitüre, Obst und Karamellsüppchen

Plzěnský prazdroj – Pilsner Urquell

Pstruh smaž ený/pstruh na roštů – gebackene oder geröstete Forelle, die der Koch in einigen Wirtshäusern Südböhmens frisch aus der Moldau herausfischt

Smážený květák/smážený ž ampíony – frittierter Blumenkohl/ gebackene Pilzköpfe

Smážený syr, hranolky, tatarská omáčka – gebackener Hartkäse, meist mit Pommes und Sauce Tartare garniert. Eine Variante ist der bei uns geläufige Backcamembert *smážený hermelin.*

Utopenec – In einer richtigen tschechischen Bierstube gibt es spätestens nach dem dritten Bier einen »Ersoffenen«, eine in Essig und Öl eingelegte und mit Zwiebeln gespickte Knackwurst

len Sie sich vor, dass eine tschechische Hausfrau Ihnen zarten, mit Speck gespickten Lendenbraten serviert. Der hat über Nacht in einem Sud aus zerlassener Butter, Wurzelgemüse, Zwiebeln, Lorbeerblättern, Thymian, Pfefferkörnern und Zitronenschale die richtige Würze aufgesogen. Und jetzt kommt er zusammen mit einer Sauce, die aus dem Sud und einem Schuss Sahne angerichtet wird, und mit den böhmischen Knödeln dampfend auf den Tisch – Ihre Sehnsucht nach Nouvelle Cuisine wird sich garantiert in Grenzen halten. Sollte es Ihnen aber nicht gelingen, sich in einen tschechischen Haushalt einzuschleichen, finden Sie eine Reihe vorzüglicher Gasthäuser im ganzen Land, die ihr Schild »Böhmische Küche« zu Recht vor der Tür stehen haben.

Mit dem *česká kava,* einem dem Wesen nach türkischen *(turecká)* Kaffee mit Satz, müssen sich an Filterkaffee gewohnte Besucher erst anfreunden. Inzwischen hält allerdings in der *kavarná* (Café) die k. u. k. Kaffeetradition wieder Einzug, weshalb neben *kava s mlekem* (Milchkaffee), *espreso, kapučino* und einer *videňská kava* (Wiener Kaffee mit Schlagsahne) auch viele alkoholisierte Sorten wie etwa *alžírská kava* (algerischer Kaffee mit Eierlikör und Sahne) kredenzt werden.

Als herzhafter Imbiss zum Mitnehmen empfiehlt sich der pikant gewürzte *bramborák,* ein großer Kartoffelpuffer. In vielen Imbissstuben, aber auch in den meisten Gaststätten bekommen Sie einen gebackenen Hartkäse, den *smážený syr,* meist garniert mit *hranolky* (Pommes) und *tatarská omačká,* einer fein gewürzten Mayonnaisesauce. Als fleischlose Gerichte stehen neben dem Backkäse, der auch als *smážený hermelin* (eine Camembertsorte) angeboten wird, häufig *smážený květák* (frittierter Blumenkohl) sowie *smážený žampíony* (gebackene Pilzköpfe) auf der *jidelni listek* (Speisekarte). Zum Muss in einer richtigen *pivnice,* der tschechischen Bierstube, gehört spätestens nach dem dritten Bier ein »Ersoffener«, sprich *utopenec,* wie die Bierfreunde eine in Essig und Öl eingelegte und mit Zwiebeln gespickte Knackwurst nennen.

Apropos Bier oder auf gut Tschechisch *pivo:* Die böhmische Braukunst hat mehrere Dutzend Biersorten zu bieten. Das Pilsener Urquell steht nach Meinung vieler dabei eher im hinteren Mittelfeld. Ein äußerst subjektives Geschmacksranking nach Gattungen könnte so aussehen: helles Bier *(světlé pivo)* – Staropramen, Samson, Budvar, Gambrinus, Starobrno; dunkles Bier *(černé pivo)* – Krušovice, Regent, Purkmistr. Wichtiger als der Alkoholgehalt ist dabei die Stammwürze: Das stärkere, würzigere Bier mit 12 Grad heißt *dvanáctka,* das leichte Schankbier mit 10 Grad *desítka.* Außer im Restaurant bekommen Sie Ihr Bier in der *pivnice* oder auch im *klub,* der Studentenkneipe.

Eine *vinárna* sucht dagegen nur der mutige Weintrinker auf. Der böhmische Frankovká oder Rimsky Rislink ist nämlich nicht jedermanns Sache – und auf Grund der hohen Zölle sind ausländische Weine sehr teuer. Hervorragende Tropfen bekommen Sie allerdings in den Weinkellern Südmährens. Von der Sonne verwöhnt, genügen die in der Gegend um Mikulov seit Jahrhunderten angebauten Rebsorten auch hohen Ansprüchen.

Kunsthandwerk in bester Qualität

Von Mundgeblasenem bis zu Schnitzwerk – Phantasie und Originalität sind die Markenzeichen vieler tschechischer Erzeugnisse

Auch wenn sich das Preisgefälle seit dem Fall des Eisernen Vorhangs deutlich verringert hat, bekommt man in Tschechien noch immer hochwertige Produkte für deutlich weniger Geld. Nicht nur in Prag finden Sie Antiquariate, wo zwischen allerlei Trödel so manches gute Stück wartet. Der Nachholbedarf der Tschechen bei neumodischem Mobiliar hält an, sodass man schöne, alte Sekretäre oder lederbeschlagene Lehnstühle von der vorletzten Jahrhundertwende nicht überall zu schätzen weiß.

Nicht lange suchen müssen Sie auch nach dem berühmten böhmischen Glas und Porzellan, das fast überall zu günstigen Preisen zu kaufen ist. Neben hochwertigem Kristallglas und dem klassischen Zwiebelmusterporzellan aus Nordböhmen finden sich auch mundgeblasene Kopien mittelalterlicher Gläser und Jugendstilimitate. Ins Auge fallen auch phantasievoll geformte Keramiktassen, farbenprächtige Service, Aschenbecher mit Tiermotiven und surrealen Tonfiguren.

Berühmt sind die tschechischen Kristallgläser; stilecht füllen Sie sie mit mährischem Wein

Die Kinderliebe der Tschechen artikuliert sich nicht nur in den legendären Märchen- und Trickfilmen, sondern auch in der Vielfalt origineller Holzspielsachen: So gibt es beispielsweise Marionetten und Stofffiguren, die Filmhelden wie dem kleinen Maulwurf oder Pan Tau nachempfunden sind.

Der geringe Stundenlohn bewirkt attraktive Preise für kunsthandwerkliche Erzeugnisse. Besonders Goldschmuck oder granatbesetzte Ringe, Ketten und Broschen sind günstig. Und Kunstliebhaber sollten einen Streifzug durch die vielen neu eröffneten Galerien machen. Werke selbst renommierter zeitgenössischer Künstler sind oft noch erschwinglich – und vielleicht entdecken Sie ja das Gemälde eines tschechischen Anselm Kiefer, das in einigen Jahren unbezahlbar sein wird.

Für jeden Geldbeutel geeignet sind Schuhe des tschechischen Herstellers Bat'a, die gemessen an Qualität und Preis keinen Vergleich zu scheuen brauchen. Oder Sie nehmen ein paar Flaschen mährischen Wein, einen Kasten mit den besten Biersorten, eine Pulle Becherovka und einige Schachteln Karlsbader Oblaten mit nach Hause.

Feste, Events und mehr

Film, Musik, Theater, Marionetten und Renaissancefeste verzaubern Tschechien

Feiertage

1. Januar *Neujahr;* **März/April** *Ostermontag;* **1. Mai** *Tag der Arbeit;* **8. Mai** *Befreiung vom Nationalsozialismus;* **5. Juli** *Tag der Slawenapostel Kyrill und Method;* **6. Juli** *Verbrennungstod von Jan Hus;* **28. Oktober** *Nationalfeiertag: Gründung der Tschechoslowakei;* **24.–26. Dezember** *Weihnachten*

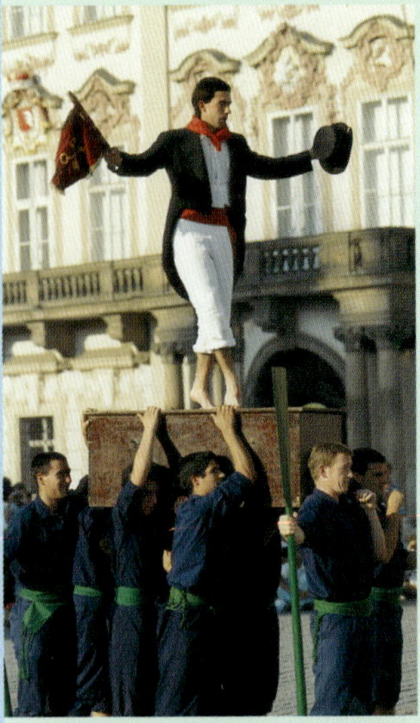

Im Sommer: Straßentheater

Feste und Veranstaltungen

Januar

Insider Tipp Prag: *Neujahrskonzert* im Rudolfinum

März

Třebíč: *Frühling der Marionettenspieler*

April

Brünn: *Festival geistlicher Musik*

Mai

Hradec Králové: internationales Theaterfestival *Theater Europäischer Regionen.* Ostrava: internationales Musikfestival *Janáček-Mai.* Das Musikfestival *Prager Frühling* mit internationalen Topensembles beginnt immer am 12. Mai (Todestag Smetanas).

Mai/Juni

Olomouc: *Olmützer Musikfrühling*

Juni

Český Krumlov: am Wochenende um den 21. Juni findet das traditionelle *Renaissancestadtfest der fünfblättrigen Rose* statt. Kutná Hora: *Kuttenberger Silberfest,* historisches Fest in der ehemalis bedeutenden Münzstadt. Pardubice: *Schlossfest.* Pelhřimov, Mitte Juni: internationales *Festival der Rekorde und Kuriositäten* mit Unterwasserbiertrinken, Hochgeschwindigkeits-

Karikaturenzeichnen und dem Bewegen eines Škodas mit den Ohren. Prachatice, Monatsende: Fest anlässlich der Salzlieferungen über den *Goldenen Steig* mit farbenprächtigem Umzug in historischen Kostümen

Juli
Český Krumlov, Mitte Juli: *Festival der Alten Musik.* Chlum (bei Hradec Králové): Jedes Jahr werden Szenen der *Schlacht von Königgrätz* am 3. Juli 1866 in originalen Uniformen nachgespielt. Jindřichův Hradec: *Folkfestival* im Schloss. Karlovy Vary, erste Julihälfte: internationales *Filmfestival*. Kratochvíle: *Theatersommer* im Renaissance-Wasserschloss. Litomyšl: *Opernfestival Smetanas* in der Geburtsstadt des Komponisten. Vyšší Brod, erster Samstag: *Schifffahrt kurioser Wasserfahrzeuge*

Juli/August
Insider Tipp Český Krumlov: *Südböhmischer Theatersommer* auf der Freilichtbühne des Schlossgartens. Zvíkov: *Theatersommer*

August
Domažlice: Am Sonntag nach dem 10. August findet das mittelalterliche *Chodenfest* statt. Náměšť na Hané, letzte Woche: *Hanakisches Erntefest.* Rožnov pod Radhoštěm, Mitte Insider Tipp August: *Jahrmarkt im Wallachischen Museumsdorf*

September
Brünn, ab Ende September: internationales Musikfestival *Mährischer Herbst.* Kroměříž: *Musiksommer* in der erzbischöflichen Residenz mit Kammermusik). Kutná Hora: *Renaissance Musikfestival.* Pardubice: *Flachbahn-Motorradrennen Goldener Helm.* Šternberk, zweites Wochenende: *Oldtimerschau.* Tabor, erste Hälfte: *historischer Festumzug.* Teplice, zweite Hälfte: *Beethoven-Festival.* Znojmo, Mitte September: traditionelles *Weinlesefest* mit historischem Umzug

Oktober
Hradec Králové: internationales Jazzertreffen *Jazz goes to town.* Pardubice: das berüchtigte Parforce-Pferderennen *Velká pardubická*

November
Prag: ★ *Prager Theaterfestival der deutschen Sprache*

Dezember
Brünn: riesiger *Weihnachtsmarkt* auf dem Hauptplatz der Stadt

Im Juni: Rosenfest in Český Krumlov

Die Metropole und ihre Satelliten

Die Göttin Prag duldet wieder andere Stadtgöttinnen neben sich

Wie eine fette Spinne hockt Prag im Zentrum Mittelböhmens und streckt die Beine (die Straßen) nach Kolín im Osten, Mladá Boleslav im Nordosten, Mělník im Norden, Kladno im Westen, Příbram im Südwesten und Benešov im Südosten aus. Der nach Westen offene Moldaubogen hat zum Aufbau von Steilhängen geführt – auf einem davon thront die mächtige Burganlage des Hradschin und demonstriert so die überragende Stellung der Hauptstadt – von Kritikern auch Pragozentrismus genannt. Nach wie vor fällt es der Zentrale nicht leicht, Kompetenzen abzugeben. Der Region Mittelböhmen täte man jedoch Unrecht, wenn man sie nur als Umland Prags wahrnähme. Südlich der Hauptstadt schwillt die Moldau durch die Zuflüsse von Berounka und Sázava zu einem stolzen Strom an, ehe sie selbst unterhalb von Schloss Mělník in die Elbe mündet. Die beiden südlichen Nebenflüsse durchqueren reizvolle Landschaftsschutzgebiete (Křivoklátsko, Český kras), die den Pragern als beliebte Naherholungsgebiete dienen. Dass in dieser Region auch die prachtvollsten Schlösser und Burgen des Landes angesiedelt sind, erklärt sich aus der Nähe zum Königssitz auf dem Hradschin. Was den Herrschern damals ihre Schatzkammer auf Burg Karlštejn war, ist den Regierenden von heute der Autobauer Škoda. Mit ihrem Aushängeschild »Oktavia« schafften die Konstrukteure in Mladá Boleslav in Kooperation mit der Konzernmutter VW den Sprung auf die westlichen Märkte.

Die »goldene Stadt« Prag: Burg und Karlsbrücke bei Nacht

Unterwegs in der Prager Altstadt

KUTNÁ HORA

[121 E5] Kuttenberg (21 000 Ew.) ist ein mittelalterliches gotisches Kleinod, das in die Gegenwart gerettet wurde. Weder um den *Palacky-Platz* noch sonstwo in der Altstadt ist eine Bausünde zu entde-

Ein Juwel böhmischer Spätgotik: die fünfschiffige St. Barbara in Kutná Hora

cken. Die Stadt ist mit ihren herausragenden Baudenkmälern, aber gerade auch in ihrem Gesamteindruck fast zu schön, um real zu sein.

SEHENSWERTES

Chrám sv. Barbory

★ Bei dem kühnen Entwurf für die spätgotische Kirche St. Barbara hatte Peter Parler freie Hand. So entstand ein fünfschiffiger Geniestreich. Das weitläufige Innere überspannen ein bemaltes Netzgewölbe und das berühmte Zeltdach. Die Silbergrubenbesitzer, die für den Bau aufkamen, weihten die Kirche der Schutzheiligen der Bergleute.

Kostel sv. Jakuba

1330 bis 1420 wurde die dreischiffige gotische Jakobskirche mit 86 m hohem Turm errichtet. Reiche Ausstattung aus Spätgotik, Renaissance und Barock.

Sedlec

Im Stadtteil Sedlec findet sich ein Kuriosum: Die Krypta ★ der *Chrám Panny Marie* (Marienkirche, 14. Jh.) wurde ab 1511 vollständig mit Knochen von ca. 40 000 Menschen ausgestattet. Vom Kronleuchter über Monstranzen bis zum Wappen der Schwarzenberger erinnern die makabren Kunstwerke an die Vergänglichkeit des irdischen Lebens. *Di–So 9–12 und 13–17 Uhr*

Vlašský dvůr

Ältestes Baudenkmal der Stadt ist der Welsche Hof (Ende 13. Jh.). Die zentrale Münzstätte des böhmischen Landes war seit dem 15. Jh. Residenz der böhmischen Könige. Im Museum sieht man neben historischen Königssälen und der im Jugendstil bemalten Kapelle alte Münzen und Prägevorrichtungen. *Tgl. 10–16 Uhr, Havlíčkovo náměsti 552*

MUSEEN

Kamenný dům
Im Steinernen Haus, das einzigartige Reliefs und verschlungene Ornamente schmücken, zeigt das Stadtmuseum Möbel und Lebensart vom 16. bis 19. Jh. *Di–So 9–12 und 13 bis 17 Uhr, Václavské náměsti 183*

Okreszní muzeum
Ausstellung zum Silberbergbau im Kastell Hrádek (15. Jh.). *Tgl. 10–16 Uhr, Barborská 28*

ESSEN & TRINKEN

sider pp
Piazza Navona
Italien an der Moldau: gute Pizzen und Nudeln. *Palackého náměsti 90, Tel. 0327/51 25 88, €€*

U Havířů
Einfaches Lokal unter alten Gewölben. Terrasse. *Šultysova 154, Tel. 0327/51 39 97, €*

ÜBERNACHTEN

Mědínek
Charme der 50er-Jahre: Café, gutes Restaurant, Bar. *55 Zi., Palackého náměsti 316, Tel. 0327/51 27 41, Fax 51 27 43, €–€€*

Na Havlíčku
Schön renovierter Altbau, private Atmosphäre. *9 Zi., Havlíčkovo náměsti 513, Tel. 0327/51 57 73, Fax 51 46 27, €–€€*

AM ABEND

Guinness Pub
Irische Kneipe: Hier gibt es Guinness, Kilkenny und Cider. *Tgl. ab 17 Uhr, Palackého náměsti*

AUSKUNFT

Kulturní a informační centrum
Palackého náměsti 377, Tel. und Fax 0327/51 23 78, kv.info.kh@pha.pvnet.cz

ZIELE IN DER UMGEBUNG

Kačina **[121 E5]**
Empireschloss mit dem Grundriss einer halben Ellipse. Im Park exotische Bäume. *Landwirtschaftsmuseum (tgl. 8–17 Uhr, Nové Dvory).* Beachtenswert ist auch die romanische *Jakobskirche. 7 km nordöstlich*

MARCO POLO Highlights »Mittelböhmen«

★ **Chrám sv. Barbory**
Ein Geniestreich von Peter Parler in Kutná Hora (Seite 28)

★ **Beinhaus in Sedlec**
40 000 Skelette sind hier zu Kunstwerken verarbeitet (Seite 28)

★ **Petřin-Aussichtsturm**
Ein großartiger Blick über die Goldene Stadt (Seite 31)

★ **Karlštejn**
Eine Burg der Superlative: das Schatzhaus Kaiser Karls IV. (Seite 33)

Kolín **[121 D5]**
Kolin (31 000 Ew.) besitzt neben der sehenswerten gotischen Hallenkirche *Chrám sv. Bartoloměje* Erinnerungen an seine ehemalige jüdische Gemeinde: westlich der Altstadt *(Zálabí)* einen großen *jüdischen Friedhof* und eine Gedenktafel für über 2000 in KZs verschleppte jüdische Bürger der Stadt. *10 km nordwestlich*

Insider Tipp

Kouřim **[121 D5]**
Beachtenswert sind in dem Dorf (2000 Ew.) die Ausgrabungen von *Stará Kouřim*. Im *Muzeum Kouřimská (Mírové náměsti 1)* kann man sich ein Bild von der altslawischen Siedlung und der Stadtgeschichte machen. Das *Muzeum lidovyích staveb Kouřim* zeigt typische Volksarchitektur mit Vorführungen traditionellen Handwerks und alter Bräuche. *April–Juni und Sept./Okt. Di bis So 9–16, Juli/Aug. 9–18 Uhr, Skansen Kouřim. 25 km westlich*

PRAHA (PRAG)

[120 B5] Überzeugender als 1000 Worte vermittelt ein Blick von der Eiffelturmkopie auf dem Petřín die Schönheit der Stadt (1, 2 Mio. Ew.). Wie ein in Stein gehauenes Symbol für die Omnipotenz des goldenen »Herzens Mitteleuropas« thront der gigantische Burgkomplex des Hradschin über der »100-türmigen« Moldaumetropole. Ausführlich informiert der MARCO POLO »Prag«.

SEHENSWERTES

Altstädter Ring (Staroměstské náměstí)
Ein städtebauliches Prunkstück ist der Altstädter Ring. In seiner Mitte steht das Altstädter Rathaus mit einer astronomischen Uhr. *Turmbesteigung April–Sept. Di–Sa 9–18, Okt.–März tgl. 9–17 Uhr*

Josefstadt (Josefov)
Seit der Sanierung des jüdischen Ghettos, bei der nur wenige jüdische Baudenkmäler erhalten blieben, führt die Pařížská třída, eine Prachtstraße mit neobarocken und Jugendstil-Bürgerpalästen, zur ältesten erhaltenen Synagoge Europas, der *Altneusynagoge*, und zum *alten jüdischen Friedhof. Alle April–Sept. So–Fr 9.30–18, Okt.–März 9–13 und 13.30–16 Uhr, Informationen beim Reisebüro Jüdische Gemeinden in Prag, Tel./Fax 02/ 232 10 49, Maiselová 15*

Karlsbrücke (Karlův Most)
Dombaumeister Peter Parler machte sich 1357 an die Konstruktion dieser Brücke. Knapp 50 Jahre später war die heute meistbeschrittene Verbindung zwischen Altstadt und Kleinseite vollendet.

Kleinseitner Ring (Malostranské náměstí)
Von der Karlsbrücke verlief der Krönungsweg der böhmischen Könige über die Nerudagasse zur Burg. Eine wichtige Station war dabei der Kleinseitner Ring mit *St. Niklas (Chrám sv. Mikuláše)*, der bedeutendsten Prager Barockkirche *(tgl. 9 bis 16 Uhr)*.

Laurenziberg (Petřín)

Insider Tipp

Am Fuß des Parkhügels besteigen Sie eine *Drahtseilbahn (tgl. 9.15–20.45 Uhr alle 15 Minuten)*. Oben sehen Sie die Barockkirche *St. Laurentius* von Ignaz Palliardi, eingebettet in die Hungermauer.

Die Karlsbrücke ist die älteste der zahlreichen Brücken über die Moldau

Höhepunkt des Stadthügels ist eine eigenwillige Kopie des Eiffelturms (Maßstab 1:5) für die Jubiläumsausstellung 1891. Mit 60 m ist der ★ *Turm (April–Okt. Di–So 9.30 bis 23, Nov.–März 9.30–18 Uhr)* hoch genug, um ein großartiges Panorama zu eröffnen.

Prager Burg (Pražsky hrad)
Die Burg ist auch heute noch das Machtzentrum für Böhmen und Mähren, hier residiert der Präsident. Für Besucher ist der riesige Komplex eher unter kunsthistorischen Gesichtspunkten interessant. *Ostseite des Hradčanské náměsti, April–Okt. Di–So 9–17, Nov.–März 9–16 Uhr*

Wenzelsplatz (Václavské náměstí)
Die Luxusmeile, an der sich alles, was in der Geschäftswelt Rang und Namen hat, angesiedelt hat, war Schauplatz historischer Dramen: 1969 verbrannte sich Jan Palach aus Protest gegen die sowjetische Okkupation, und 1989 brachten hier Hunderttausende Demonstranten das kommunistische Regime ins Wanken.

MUSEEN

Museum der Stadt Prag (Muzeum města Prahy)
Die Geschichte Prags illustrieren verschiedene Exponate, darunter ein sehr hübsches beleuchtetes Stadtmodell. *Di–So 10–18 Uhr, Na poříčí 52*

Nationalmuseum (Národní muzeum)
Das Pantheon der Tschechen: Nationalprominente in Bronze, Bibliothek mit 1 Mio. Bänden, naturwissenschaftliche und ethnografische Sammlung, Theaterabteilung. *Mi 9–21, Do–Mo 9–17 Uhr, Václavské náměsti 68*

Repräsentationshaus (Obecní dům)
Das renovierte Sezessionsgebäude mit Wiener Café und französischem Restaurant zeigt neben Sonderausstellungen eine amüsante Gesamtsicht auf das Leben zu Beginn des 20. Jhs. (Möbel, Kleider, Plakate etc.). *Di–So 10–18 Uhr, náměsti Republiky 5*

ESSEN & TRINKEN

Insider Tipp
Amadé
In diesem Lokal kommen exzellente böhmische Leckerbissen auf den Teller. *U milosrdných 10, Tel. 02/ 231 88 67,* €

Provence
Ess- und Trinkkultur Frankreichs in verführerischer Atmosphäre. Darüber gibt es eine hübsche Pianobar. Reservieren! *Štupartská 9, Tel. 02/ 90 05 45 10,* €€€

Slavia
Altehrwürdiges Café. Nach Renovierung wieder Treff von Künstlern und Prominenz. *Smetanovo nábřeží, Tel. 02/24 22 09 57,* €€€

ÜBERNACHTEN

Paříž
Ein Jugendstilhotel neben dem Pulverturm für ein dekadentes Wochenende, an dem Geld keine Rolle spielt. *94 Zi., U Obecního domu 1, Tel. 02/22 19 51 95, Fax 24 22 54 75, www.hotel@hotelpariz.cz,* €€€

Residence Malá Strana
Verwöhnniveau auf der Kleinseite, einem der schönsten Stadtviertel. *55 Zi., Mělnická 9, Tel. 02/ 51 51 03 72, Fax 51 51 04 06, hma lastrana@mbox.vol.cz,* €€

AM ABEND

AghaRTA Jazz Centrum
Tschechischer Mainstream und spontane Sessions. *Tgl. ab 21 Uhr, Tel. 02/24 21 29 14, Krakovská 5*

Casa Blue
Südamerikanische Studentenkneipe mit vielen Cocktails. *Tgl. 10–1 Uhr, Kozí Ecke Bílkova*

Laterna Magica
Die faszinierende Verbindung von Schauspiel, Pantomime und Kino ist eine tschechische Erfindung. Ihr kommerzieller Aspekt ist heute leider kaum zu übersehen. *Ca. 600 Kč, Národní 4, Tel. 02/24 91 41 29*

Insider Tipp
Národní divadlo
Den ganzen Stolz der Prager und das Symbol kultureller Eigenständigkeit der tschechischen Nation sollte man auch als Theatermuffel von innen gesehen haben. Programm und Karten gibt es fast geschenktr. *Národní třída 2, Tel. 02/24 91 34 37*

AUSKUNFT

Pragotour
Vermittlung günstiger Hotel- und Privatzimmer. *Mo–Fr 8–18 Uhr, Za poříčskou branou 7, Tel. 02/ 24 81 61 20, Fax 24 81 61 72*

Pražká informační služba (PIS)
Touristische Informationen und Besichtigungen. *Mo–Fr 9–18, Sa, So 9–17 Uhr, Betlémské náměsti 2, Tel. 02/54 44 44, Fax 24 21 19 89, www.prague.info.cz*

Die zahlreichen Prager Cafés und Bierkneipen führen fußmüde Touristen immer wieder in Versuchung

ZIELE IN DER UMGEBUNG

Český Šternberk **[121 D6]**
Die trutzige Burg Sternberg galt bis ins 15. Jh. als uneinnehmbar. Bis heute sind hier die Schätze vieler Generationen von Sternbergs zu sehen. *Hrad Česky Šternberk, Juli, Aug. Di–So 9–18, Mai, Juni, Sept. 9–17, April, Okt. 9–16 Uhr, 40 km südöstlich*

Karlštejn **[120 B6]**
★ Über dem Winzerdorf Karlstein erhebt sich eine Burganlage der Superlative: Das heutige nationale Kulturdenkmal (erbaut 1348–57) war als Schatzhaus für Kaiser Karl IV. konzipiert. Entsprechend prachtvoll geriet die Innenausstattung. *April–Sept. Di–So 9–18, Okt. bis März 9–16 Uhr, unbedingt reservieren unter Tel. 0311/948 95 oder 02/232 37 07. 18 km südwestlich*

Lidice **[120 B5]**
Ein Dorfname mit trauriger Berühmtheit. Am 10. Juni 1942 ermordete die SS als Rache für das Attentat auf Reinhard Heydrich (stellvertretender Reichsprotektor von Prag) die 173 Männer des Dorfes. Alle Frauen und Kinder wurden ins KZ Ravensbrück gebracht, das Dorf komplett zerstört. *Gedenkstätte und Museum April–Sept. tgl. 8–17, Okt.–März 8–16 Uhr. 21 km nordwestlich*

Zámek Konopiště **[128 C1]**
Die Schlossherren sammelten alles, was mit dem Drachentöter Georg zusammenhängt. Deshalb lohnt der Besuch nicht nur wegen der überwältigenden Ausstattung, sondern auch wegen dieser zum Teil schrulligen Fundstücke. *Mai–Aug. Di–So 9–17, Sept. 9–16, April, Okt. 9 bis 15 Uhr. 42 km südöstlich*

Pilsner Urquell und andere Heilwässer

Womit man sich in der Bier- und Bäderregion die Zeit vertreibt

Westböhmen zerfällt geografisch in mehrere Landschaften. Zwischen dem Tepler Hochland, dem Niederen Böhmerwald und dem Mittelböhmischen Waldgebirge breitet sich das Pilsener Becken aus, in dem sich vier Quellflüsse zur Berounka vereinigen. In keiner anderen Stadt außerhalb von Russland fühlen sich Moskauer Bohemiens so wohl wie in Karlsbad – und beweisen damit guten Geschmack. Hinter der dekadenten Empirefassade der überquellenden Kurschönheit tobt sich der russische Bär nicht nur im nimmer versiegenden Mineralsprudel aus, sondern zelebriert ein international renommiertes Filmfestival genauso nonchalant, wie er im Kasino die Roulettekugel springen lässt und in schicken Diskotheken das Tanzbein schwingt. Wer die westböhmische Hauptstadt Pilsen bisher nur als Nadelöhr kennen gelernt hat, durch das sich der Transitverkehr von und nach Prag quält, sollte die erzwungene Pause zu einem Erkundungsspaziergang nutzen. Hinter den abweisenden Fassaden entlang der Hauptverkehrsader verbirgt sich ausgesprochen spannendes städtisches Leben.

Burg Loket über der Eger beherbergt heute ein Porzellanmuseum

Ganz entspannt im Hier und Jetzt: Kurbadatmosphäre in Karlsbad

CHEB

[118 B5] Eger (32 000 Ew.) überrascht mit einer fast lückenlos erhaltenen Altstadt und der trotz Zerstörungen stolz über dem Fluss thronenden Kaiserpfalz, die für Friedrich Barbarossa eine politische Schlüsselrolle besaß. Diese Stellung Egers im Mittelalter, als es in etwa die Größe von Frankfurt am Main hatte, spiegelt sich noch heute in den großzügigen gotischen Wohnpalästen auf dem Marktplatz wider.

SEHENSWERTES

Chebsky hrad

★ Der mächtige schwarze *Turm* der Kaiserpfalz und die berühmte *Dop-*

pelkapelle sind romanische Wahrzeichen der Stauferzeit. Mittelpunkt der Anlage ist der ehemals romanische *Palas,* dem im 15. Jh. ein dekorativer Fachwerkstock aufgesetzt wurde. Hinter der Kapelle des Palas wurden wenige Stunden vor der Ermordung Wallensteins im Egerer Stadthaus seine vier treusten Generäle niedergestochen.

Kostel sv. Mikulaše
Von der gotischen Nikolauskirche sind aus der Romanik noch das Westportal sowie die unteren Teile der Osttürme erhalten.

Náměstí Jiřího z Poděbrad
Der *Marktplatz* verbreitert sich nach Norden zum Ensemble der *Stöckelhäuser* – windschiefe Fachwerkhäuser des 13. Jhs., die früher von jüdischen Krämern bewohnt wurden. An der mittleren Ostseite sticht das *Alte Rathaus* im italienischen Barockstil hervor. Rechts daneben das *Schillerhaus,* in dem der Dichter über seinem »Wallenstein« brütete. Einen angenehmen Stilbruch leistet sich das *Gablerhaus* an der Nordostecke des Platzes mit seiner verspielten Rokokofassade. Aus einiger Distanz betrachten sich zwei steinerne Gestalten: die barocken Protagonisten des *Rolandbrunnens* und des *Herkulesbrunnens.*

MUSEUM

Chebské muzeum
Das Haus, in dem Wallenstein im Auftrag Kaiser Ferdinands 1634 gemeuchelt wurde, ist heute Stadtmuseum: Geschichte und Volkskunde des Egerlands, Naturkunde, Wallensteins Sterbezimmer und ein Stadtmodell. *Di–Fr 9–12 und 14–17, Sa, So nur Mai–Sept. 10–16 Uhr, náměsti Krále Jiřího z Poděbrad*

ESSEN & TRINKEN

Fortuna
Europäische und böhmische Küche unter Gewölben. *Náměsti Krále Jiřího z Poděbrad 29, Tel. 0166/221 10,* €€

Kavárna Špalíček
Insider Tipp
Café in einem der Stöckelhäuser mit Blick auf den Marktplatz. *Náměsti Krále Jiřího z Poděbrad 4, Tel. 0166/225 68,* €€

ÜBERNACHTEN

Hradní dvůr
Historisches Gebäude nahe dem Hauptplatz. Restaurant, Kegelbahn, Weinstube. *25 Zi., Dlouhá 12, Tel./Fax 0166/224 44,* €€

Hvězda
Etwas altertümliche Atmosphäre, aber heimelig. Restaurant. *38 Zi., Krále Jiřího z Poděbrad náměsti 4–6, Tel. 0166/42 25 49, Fax 42 25 46, www.hotel-hvezda.cz* €€–€€€

AM ABEND

Galerie a kavárna U Kamene
Die Kneipe verströmt mit Ohrensesseln, Wänden in Tapetenoptik und winzigen Fenstern Wohnzimmeratmosphäre. *Mo–Sa 10–22 Uhr, náměsti Krále Jiřího z Poděbrad 7*

AUSKUNFT

Infocentrum
Náměsti Krále Jiřího z Poděbrad 33, Tel. 0166/42 27 05, Fax 43 43 85, www.mestocheb.cz

ZIELE IN DER UMGEBUNG

Františkovy Lázně **[118 B5]**
Die sehenswerten Empiregebäude der Kuranlage in Franzensbad (5000 Ew.) sind umgeben von Parks. Im *Sady Bedřicha Smetana (Smetanapark)* stehen *Goethebrunnen, Stadttheater* und *Stadtmuseum (Di–Fr 10–12 und 13–17, Sa, So 10–16 Uhr, Pohorecky)*. Sehenswert ist die etwas außerhalb gelegene *Russische Kirche*. In der *Národní třída* liegt neben prächtigen Empirehäusern auch ein nettes Café, die *Bar Kavarná Beethoven*. Einigermaßen günstig übernachten kann man im *Hotel Slovan (25 Zi., Národní třída 5, Tel. 0166/54 28 41, Fax 54 28 43, €€)*.

Knapp 10 km nördlich liegt das geschützte *Hochmoorgebiet Soos* mit dem Naturschauspiel dampfender Krater und brodelnder Wasserlöcher. *5 km nordwestlich*

Jesenice und Skalka **[118 B–C5]**
Die Stauseen bieten viele Freizeitmöglichkeiten. Sie können in *chaty* (gemütliche Holzhüttchen) übernachten oder auf Campingplätzen zelten. *10 km westlich*

Ostroh **[118 B5]**
Die Burg Ostroh stammt aus dem 13. Jh. Heute mit nettem Restaurant. *März–Mai und Sept., Okt. tgl. 10 bis 16, Juni 10–17, Juli, Aug. 9–18 Uhr. 8 km nordwestlich*

DOMAŽLICE

[127 D2] Betritt man das Zentrum des Chodenlands (12 000 Ew.) durch das *Untere Tor (Dolní brána)*, fällt der Blick auf einen wohl erhaltenen böhmischen Marktplatz. Von Choden, den geheimnisumwitterten Grenzwächtern des Böhmerwalds aus dem Mittelalter, fehlt jede Spur. Immerhin: Am südwestlichen Ende der Altstadt ragt die *Chodenburg* auf.

SEHENSWERTES

Náměstí Míru
Den lang gezogenen Marktplatz säumen schöne *Arkadenhäuser* von Go-

MARCO POLO Highlights »Westböhmen«

★ **Chebsky hrad**
In der Kaiserpfalz zu Eger weht der Geist des Stauferkaisers Friedrich I. (Seite 35)

★ **Promenade Karlovy Vary**
Russische Dandys und Filmprominenz modernisieren den Charme der eleganten Bäderstadt (Seite 38)

★ **Singende Fontäne**
In Mariánské Lázně spielt sich jede Nacht eine farbenprächtige Wassermusik ab (Seite 44)

★ **Velká synagoga**
In der Stadt des Pilsner Biers steht die drittgrößte Synagoge der Welt (Seite 44)

tik bis Empire und das *Rathaus* mit Neorenaissancefassade.

Kostel Narození Panny Marie
Neben der *Barockkirche Mariä Geburt* von Ignaz Dientzenhofer in der Platzmitte steht ein windschiefer *Glockenturm. April–Sept. tgl. 9–12 und 13–17 Uhr*

MUSEUM

Chodenburg
Interessantes Museum zur Geschichte und Volkskunde der Choden und eine große Silbermünzensammlung (14.–17. Jh.). *April–Okt. Di–So 8–12 und 13–16 Uhr*

ESSEN & TRINKEN

Café Pension Tiffany
Die Wände des Lokals sind mit Blechschildern und Blechblasinstrumenten bestückt. Es gibt *purkmistr*, kleine Gerichte und Tagesgerichte. *Kostelní 102, Tel. 0189/72 55 91,* €€

ÜBERNACHTEN

Pension Tiffany
Sehr individuell eingerichtete Räume. *4 Zi., Kostelní 102, Tel. 0189/ 72 55 91,* €

AUSKUNFT

Informační středisko
Náměsti Míru 51, Tel. 0189/ 72 58 52, mks@domazlice-net.cz

ZIEL IN DER UMGEBUNG

Horšovský Týn **[127 D2]**
Bischofteinitz (4100 Ew.) besitzt einen historischen *Marktplatz,* Reste der *Stadtmauer* und ein *Renaissanceschloss.* Im Schloss historische Möbel und Gemälde. *Mai und Sept. tgl. 9–12 und 14–16, Juni–Aug. 9 bis 17 Uhr, Tel. 0188/31 11. 9 km nördlich*

Karlovy Vary (Karlsbad)

Karte in der hinteren Umschlagklappe

[119 D5] Um dem mondänen Charme Karlsbads (56 000 Ew.) am Zusammenfluss von Ohře und Tepla zu erliegen, reicht ein Flussspaziergang auf der ★ *Promenade* zwischen den Hotels Thermal und Pupp. Ein Aufenthalt im Foyer des *Kursanatoriums Thermal,* dessen Innenkonzeption origineller ist, als die graue Betonfassade vermuten lässt, lohnt sich. Im ersten Stock wetteifern in der Lobby und im Café rote Ledersessel und -stühle um die Aufmerksamkeit der Gäste. So gestärkt, können Sie Ihre kleine Promenade durch den Ort, wo jeden Juli das bekannte *Karlsbader Filmfestival* stattfindet, fortsetzen.

SEHENSWERTES

Kolonnaden
Von der *Parkkolonnade* (1880–81) aus geht es vorbei am romantischen *Kurhaus* (1863–66) zu den *Mühlbrunnenkolonnaden* (1871–81) im Neorenaissancestil mit Balustrade und Statuen, die die zwölf Monate darstellen. Es folgt die liebliche, mit reichlich filigranem Schnitzwerk verzierte *Marktbrunnenkolonnade* (1883). Angeblich fanden selbst die Karlsbader den Bau nach seiner Fertigstel-

Stolze Kurhäuser und altehrwürdige Sanatorien prägen Karlovy Vary

lung überladen. Gleich gegenüber wartet die Quelle Nummer 1, gefasst im Bau der modernen *Sprudelkolonnade* (1975): eine Orgie in Glas und Beton, in deren zentralem Raum die heiße Fontäne in eine Glaskuppel hochschießt.

Kostel sv. Maří Magdaleny

Die *Kuppelkirche Maria Magdalena* ist ein Meisterwerk des bayerisch-böhmischen Architekten Kilian Ignaz Dientzenhofer. Der spätbarocke Bau besticht mit opulenter Formsprache und prachtvollen Fresken. *Náměsti Svobody*

Tržiště

Etwas eingezwängt zwischen der Teplá und dem Schlossberg, entfalten filigrane *Jugendstilfassaden* gegenüber der Marktbrunnenkolonnade, die barocke *Dreifaltigkeitssäule* und der einsame *Schlossturm,* der die Szenerie des Platzes beherrscht, eine majestätisches Flair.

MUSEEN

Galerie umění Karlovy Vary

Moderne tschechische Kunst des 20. Jhs. *Di–So 9–12 und 13–17 Uhr, Goethova stezka 6*

Karlovarské muzeum

Das Haus widmet sich Historie und Umgebung Karlsbads und zeigt die Entwicklung des böhmischen Glases. *Mi–So 9–12 und 13–17 Uhr, Nová Louka 23*

ESSEN & TRINKEN

Bernard

Abends wird das Restaurant zum Jazzpalast. *Ondřejská 14, Tel. 017/322 16 67,* €€

U císaře

Die Weinstube »Zum Kaiser« beeindruckt mit einer sehr umfangreichen Speisekarte. *Bulharská 2276/2, Tel. 017/322 60 20,* €€

EINKAUFEN

Glasfabrik Moser
Im Vorort Dvory kann man sich eine Glasaustellung ansehen und dann ab Werk einkaufen. *Kpt. Jarose 19*

Karlsbader Oblaten
Nicht vergessen: eine Packung Karlsbader Oblaten! An der Sprudelkolonnade gibts einzelne Oblaten angewärmt.

Insider Tipp

Pirkenhammer Porzellan
Manufaktur mit langer Tradition (seit 1803) und bezauberndem Porzellan. *Verkaufsstelle im Hotel Atlantik, Stará Louka 23*

ÜBERNACHTEN

Grandhotel Pupp
Das berühmte, zeitlos elegante Haus ist Treffpunkt des Geldadels. Alles vom Feinsten, auch der Preis! *114 Zi., Mírové náměsti 2, Tel. 017/ 310 91 11, Fax 322 40 32, www. pupp.com,* €€€

Heluan
Wunderschönes Haus am Platz der Sprudelkolonnade. Zimmer mit Kassettentüren, Holzböden, Stuckdecken, alten Kachelöfen und Balkonen. Blick aufs Stadtzentrum. *15 Zi., Tržiště 41, Tel. 017/ 322 57 57, Fax 322 57 56, www. travelguide.cz/heluan,* €€€

Jiskra
Etwas altertümliches Hotel garni gegenüber vom Pupp am Fluss. Schöne Stuckzimmer. *13 Zi., Mariánslolázeňská 1/301, Tel. 017/ 322 69 94, Fax 322 61 49, www. hotel-jiskra.cz,* €€

AM ABEND

Musikclub Propaganda
Dunkler Raum mit silberfarbener Stuckdecke. Witzige Einrichtung, lange Theke, Billardtische. Am Wochenende häufig Livekonzerte (Rock, Jazz), sonst Disko. *Mo–Fr 20–24, Sa, So 21–6 Uhr, Jaltská 7*

Schick in Schale: Das sind die Karlsbader(innen) dem Ruf ihrer Stadt schuldig

AUSKUNFT

Kur-info
Vřídelní kolonáda, Tel. 017/ 322 40 97, Fax 322 46 67, www.karlovyvary.cz

ZIELE IN DER UMGEBUNG

Kadaň [119 E4]
Betritt man die alte Königsstadt Kaaden (18 000 Ew.) durch eines der beiden Stadttore, blickt man auf einen schönen trapezförmigen Marktplatz mit Bürgerhäusern von der Gotik bis zum Barock. *38 km nordöstlich*

Klášterec nad Ohří [119 D–E4]
Im Porzellanstädtchen Klösterle (16 000 Ew.) sollten Sie sich das vorzügliche Porzellanmuseum *(Di bis Sa 9–17 Uhr)* im Schloss nicht entgehen lassen. *34 km nordöstlich*

Loket [118 C5]
Die Burg in Elbogen (3000 Ew.) thront auf einem Granitfelsen über der Ohře (Eger). Im 13. Jh. zum Schutz der Westgrenze errichtet, birgt sie ein *Porzellanmuseum (Di bis So 9–16 Uhr). 10 km südwestlich*

Ostrov [119 D4]
Schlackenwerth (21 000 Ew.) am Fuß des Erzgebirges ist ein altes Bergbaustädtchen. Sehenswert sind das *Barockschloss* und die *Kirche St. Jakob* mit gotischem Gewölbe und romanischem Portal. *11 km nordöstlich*

KLATOVY

[127 E3] Die Grundriss der einst dank ihres Waldreichtums wohlhabenden Stadt Klattau (23 000 Ew.) gleicht dem Muster eines Schachbretts wie die dominierenden Farben ihrer auffälligsten Gebäude den Figuren: schwarz der *Rathausturm* und weiß der *Kampanile der Mariä-Geburt-Kirche.* Dass die Stadt im 16. Jh. zu den sieben reichsten Städten des Königreichs zählte, ist dem Stadtbild anzusehen.

SEHENSWERTES

Cěrna věž
Der Schwarze Turm des spätgotischen Rathauses ist 80 m hoch. Von seiner Galerie haben Sie einen schönen Rundblick. *Tgl. 9–12 und 13–15 Uhr, náměsti Míru*

Dekanatskirche
Die gotische, später umgebaute Dekanatskirche mit ihrem frei stehenden weißen Turm *(bílá věž)* ist ein Wahrzeichen Klatovys.

Jezuitsky kostel
Die weiße Jesuitenkirche, die Kilian Ignaz Dientzenhofer 1717 umbaute, prägt den Marktplatz. In den Katakomben liegen die Mumien von Jesuitenmönchen. *Mai–Sept. Di–So 9–12 und 13–17, April, Okt. Sa, So 9–15 Uhr*

Náměstí Míru
Die schönen Bürgerhäuser aus Gotik, Renaissance und Barock auf dem quadratischen Marktplatz flankiert das mächtige, weiß-schwarze Turmpaar.

ESSEN & TRINKEN

Švejk Insider Tipp
Kellnerinnen in Tracht, über dem Tresen ein Bild des Kaisers Franz Joseph und Schwejk-Szenen überall.

Sehr gutes Essen. *Denisova 90, Tel. 0186/32 14 19,* €€

ÜBERNACHTEN

Central
Haus aus den 20er-Jahren. Umfangreicher Service. *50 Zi., Masarykova 300, Tel. 0186/245 71, Fax 247 45, central@ipnet.cz,* €€

Zlaty drak
Pension am Rand der Altstadt. Auch Chinarestaurant *(€€). 5 Zi., Videňská 32, Tel. 0186/230 60,* €

AM ABEND

Pod Cěrnou věží
Disko am Schwarzen Turm. *Náměsti Míru Ecke Balbínova*

AUSKUNFT

Infocentrum
Náměsti Míru 63/1, Tel. 0186/235 15, Fax 251 56, pergolia@iol.cz

ZIELE IN DER UMGEBUNG

Švihov **[127 E2]**
Die *Fresken* in der Burgkapelle des spätgotischen Wasserschlosses lohnen einen Besuch. *April, Okt. Di–So 9–12 und 13–16, Mai–Sept. 9–12 und 13–17 Uhr. 9 km nördlich*

Velhartice **[127 E3]**
Der Charakter dieser mittelalterlichen Burganlage blieb weitgehend erhalten. Alle Wirtschaftsgebäude, die Kapelle, der Burgturm, die Befestigung und die Brücken stammen aus dem 13./14. Jh. Besonders beeindruckend: eine Steinbrücke, die auf gotischen Pfeilern zwei Wehrtürme verbindet. *Di–So 9–16, Juni–Aug. 9–18 Uhr. 19 km südöstlich*

MARIÁNSKÉ LÁZNĚ (MARIENBAD)

[118 C6] Wenn Mark Twain Marienbad (15 000 Ew.) als »die modernste Stadt auf dem Kontinent, so schön, wie man es sich nur wünschen kann« bezeichnete, muss es dem Meisterspötter schon gewaltig die freche Stimme verschlagen haben. Was ist dran am nostalgischen Ruhm, den die Stadt heute nicht zuletzt Alain Resnais' Film »Letztes Jahr in Marienbad« zu verdanken hat? In erster Linie das Flair einer außergewöhnlich schönen *Hauptstraße (Hlavní třída)* mit üppigen Villen und Hotels, neben der sich bis zum Goetheplatz der *Skalníkovy sady,* ein beeindruckender Kurpark, erstreckt.

SEHENSWERTES

Kolonáda
Unter den Kolonnaden Marienbads ist dieses neobarocke Prachtexemplar wohl die markanteste: eine interessante Konstruktion aus Gussteilen. Filigrane Details und der fulminante *Deckengemäldezyklus* »Sehnsucht des Menschen nach dem Fliegen« bilden den Rahmen für die Promenadenkonzerte. Die Hauptpromenade vereinigt die wichtigsten Quellen im Zentrum, die *Rudolfs-* sowie die *Ferdinandsquelle.*

Kostel Nanebezvetí P. Marie
Die imposante neoromanische *Prämonstratenserkirche Mariä Himmelfahrt* entstand 1844–48 auf

achteckigem Grundriss. *Goethovo náměsti*

Kostel sv. Vladimíra
Die orthodoxe *Wladimir-Kirche,* 1901 im traditionellen byzantinischen Stil erbaut, dokumentiert den schon immer starken Anteil russischer Kurgäste. *Ruská 347/9*

MUSEUM

Městské muzeum
In der Unterkunft Goethes im Jahr 1823 befasst sich das Stadtmuseum mit der Geschichte des Kurbads, der Geologie der Region und den Mineralquellen. *Di–So 9–16 Uhr, Goethovo náměsti 11*

ESSEN & TRINKEN

U zlaté koule
Die urgemütliche, altmodische Gaststätte *Zur Goldenen Kugel* bietet hervorragende tschechische Speisen und Getränke. Kaffeehausmusik. Reservieren! *Nehrova 26, Tel. 0165/ 62 44 55,* €€€

Insider Tipp

ÜBERNACHTEN

Helvetia
Nette, gediegene Zimmer. Restaurant, Bierstube, Terrasse. In der Nähe der Mineralquellen. *28 Zi., Hlavní třída 230, Tel. 0165/62 01 61, Fax 62 23 78, helvetia_hotel@telecom.cz,* €€

Palace
Das Gebäude präsentiert sich im Stil der 30er-Jahre, die Zimmer sind im Louis-XIV-Stil ausgestattet. Sauna, Dampfbad, Whirlpool. Stilvolles Restaurant. Terrassen, Café und eine Nachtbar mit Tanzmusik. *56 Zi., Hlavní třída 67, Tel. 0165/ 68 51 11, Fax 68 51 51, www.imperial.kv.cz,* €€€

Hier sind Sie im Wortsinn an der Quelle: große Kolonnade in Marienbad

AM ABEND

Casino Lil/Casino Bellevue
Wer Lust hat, sein Glück zu testen, kann hier viel Geld gewinnen – oder verlieren. *Tgl. 14–7 Uhr, Anglická*

Singende Fontäne
★ Hinter der Kolonnade aus weiß gestrichenem Gusseisen fasziniert jede Nacht eine Explosion farbigen Wassers zu Musik die Kurgäste. Ein buntes Wasserballett für sakrale Minuten: Andacht vor dem Leben spendenden Element Wasser. *Tgl. mit Beleuchtung 21 und 22 Uhr, an der Kolonáda*

AUSKUNFT

Kulturní a informační centrum
Hlavní třída 47, Tel./Fax 0165/ 62 24 74, rf-ml@iol.cz

Léčebné lázně Mariánské Lázně
Masarykova 22, Tel. 0165/65 55 55, Fax 65 55 00, lazne@marienbad.cz

ZIEL IN DER UMGEBUNG

Stift Teplá **[119 D6]**
Das Kloster bei Tepl, 1193 als Prämonstratenserstift gegründet, wurde zwölfmal ausgeplündert, brannte sechsmal ab, erlebte zwei Pestepidemien und drohte sechsmal geschlossen zu werden. Erst 1950 wurde es von den Kommunisten wirklich geschlossen. Die unbedingt sehenswerte *Bibliothek (April–Okt. Di–So 9–15 Uhr)* zeigt u. a. das *Faksimile einer Gutenberg-Bibel* von 1452–55. Seit der Wiedereröffnung 1993 kann man im Klosterhospiz *(69 Zi., Teplá u Toužimi, Tel. 0169/ 922 64, Fax 926 34, €–€€)* übernachten. Restaurant mit altböhmischer Küche. *12 km östlich*

PLZEŇ (PILSEN)

Karte in der hinteren Umschlagklappe

[127 E1] Pilsen (180 000 Ew.), die Hauptstadt Westböhmens im flachen Pilsener Becken, hat mehr zu bieten als das gattungsbildende Pilsner Urquell. Hinter dem unansehnlichen Schutzwall der Maschinenfabrik Škoda verbirgt sich ein äußerst attraktiver Stadtkern. Statt einer Stadtmauer umgürtet der Smetana-Park die Innenstadt.

SEHENSWERTES

Náměstí Republiky
Böhmens zweitgrößter Stadtplatz (193 x 139 m) mit zahlreichen *Renaissance-* und *Barockhäusern*, dem *Renaissancerathaus* und einer *Pestsäule.* In der Platzmitte die gotische *Kirche Sv. Bartoloměje (St. Bartholomäus)* mit dem höchsten Turm Tschechiens (103 m). In der Kirche die berühmte *Pilsner Madonna* (Tonschiefer, 14. Jh.).

Škoda-Werke
1866 durch Emil Ritter von Škoda gegründete Maschinenfabrik. *Führung nach Voranmeldung, Tel. 019/ 27 52 52, náměsti Českých bratří 10*

Velká synagoga
★ Die Neue Synagoge (1892) im maurisch-romanischen Stil erstrahlt nach ihrer Renovierung in neuem Glanz. Als drittgrößte Synagoge der Welt und zweitgrößte Europas zieht sie zahlreiche Besucher an. *Klatovská třída*

MUSEEN

Pivovarské muzeum
Museum zur Geschichte des Bierbrauens und des Bierkonsums, zu dem auch eine gotische Mälzerei gehört. U. a. sind eine alte Darre, Abfüllmaschinen und Kessel zu sehen. *Juni–Mitte Okt. tgl., sonst Di bis So 10–18 Uhr, Veleslavínova 6*

Plzeňské historické podzemí
»Pilsen von unten«, eine Führung durch mittelalterliche Gänge und Gewölbe unter der Altstadt mit Fundstücken aus den Katakomben (z. B. Waffen aus dem Dreißigjährigen Krieg), die auch als Lagerräume für Bier dienten. *März–Nov. Mi–So 9–17 Uhr, Juni–Sept. auch Di, Perlová ulice 4–6*

Plzeňský prazdroj
Zehn Gehminuten von der Altstadt liegt die berühmte *Brauerei Prazdroj* (Pilsner Urquell) mit ihrem monumentalen Tor. Bei der Führung mit Bierverkostung erfahren Sie alles über das Bierbrauen. *Mo–Fr 8–15 Uhr, Anmeldung Tel. 019/706 20 17, U Prazdroje 7*

ESSEN & TRINKEN

Na spilce
Große Gaststätte neben der Prazdroj-Brauerei mit Dielenboden und Kachelofen. Tschechische Spezialitäten. Im ersten Stock Bierstube. *U Prazdroje 7, Tel. 019/706 27 55,* €€

U Salzmannů
Älteste Pilsener Bierhalle von 1637. Altböhmische Gerichte und Pilsener Bier genießt man inmitten von Jugendstilmöbeln. *Pražská 8, Tel. 019/723 58 55,* €€

Žumbera
Sehr nette Atmosphäre, um ein Bier zu trinken und eine Kleinigkeit zu essen. *Bezručova 14, Tel. 019/22 24 36,* €–€€

ÜBERNACHTEN

Pension City
Kleine Pension im Zentrum nahe dem Brauereimuseum. *11 Zi., Sady 5. května 52, Tel. 019/22 60 69, Fax 22 29 76,* €–€€

Slovan
Altehrwürdiges Haus nahe dem Zentrum. Viele Zimmer mit Blick auf den Smetana-Park. Großes Restaurant. *96 Zi., Smetanovy sady 1, Tel. 019/722 72 56, Fax 722 70 12, www.hotelslovan.pilsen.cz,* €€

AUSKUNFT

Městské informační středisko Plzeň
Náměsti Republiky 41, Tel. 019/703 27 51, Fax 703 27 52, www.plzen-city.cz

ZIELE IN DER UMGEBUNG

Kladruby **[127 D1]**
Die Benediktinerabtei Kladrau ist schon von weitem zu sehen mit ihrer großen, im 18. Jh. in böhmischer Barockgotik errichteten *Klosterkirche. Mai–Sept. Di–So 9–16, April, Okt. Sa, So 9–17 Uhr. 35 km westlich*

Konstantinovy Lázně **[119 D6]**
Versteckt im Wald liegt Konstantinsbad. Im 19. Jh. galt es als Bäderstadt für die kleineren Leute mit schmalem Budget. *39 km nordwestlich*

Das grüne Dach Tschechiens

Burgen und Märchenschlösser zwischen Šumava und Weltteich

Der bewaldete Mittelgebirgszug, der den Bayerischen Wald, den Oberpfälzer Wald, die Šumava und den Český les umfasst, bildet seit dem Mittelalter eine Kulturlandschaft, die bayerische und böhmische Traditionen verschmolz. Damals begann über den Goldenen Steig von Passau nach Prachatice ein reger Austausch: Die bayerischen Säumer brachten den Böhmen das lebenswichtige Salz und ließen sich dafür in Gold entlohnen. Nach dem Fall des Eisernen Vorhangs profitiert die Region heute von den offenen Grenzen nach Bayern und Österreich: Der wieder belebte Handel beginnt das alte Nord-Süd-Gefälle umzudrehen. Während die altindustriellen Regionen in Nordböhmen und Nordmähren unter Strukturkrise und Arbeitslosigkeit leiden, boomt das vormals ländliche Südböhmen.

ČESKÉ BUDĚJOVICE (BUDWEIS)

[128 C4] Im Budweiser Becken breitet sich an der Einmündung der Malše (Maltsch) in die Vltava (Moldau) Budweis (100 000 Ew.) aus, die einzige Großstadt in Südböhmen. Angesichts der vielen kleinen Orte im Böhmerwald wirkt sie wie eine Metropole. Der Marktplatz beeindruckt nicht nur durch seine Größe, er strahlt auch mediterrane Gelassenheit aus. Vor den prächtigen Renaissance- und Barockhäusern mit ihren Arkaden, die den fast quadratischen Mittelpunkt der Stadt säumen, genießen die Budweiser ihr Bier.

Barock geschmückt: Rathaus in Písek

SEHENSWERTES

Chrám sv. Mikuláše

Den 72 m hohen Kampanile *Černá věž (Schwarzer Turm)* am barocken Dom *Chrám sv. Mikuláše* ziert eine toskanische Säulengalerie, zu der 360 Stufen emporführen. *März–Nov. Di–So 10–17 (Juli/Aug. bis 19) Uhr, U Černé věže*

Náměstí Přemysla Otokara II.

★ Der zentrale Marktplatz mit seinen umlaufenden Arkaden beeindruckt jeden Besucher. Fröhlich blickt der barocke *Samson,* von muskulösen Atlassen gehalten, von seinem Brunnen und scheint zu denken: »Hír bin ich Menš, hír darf ichs sajn!« Das dreitürmige *Rathaus*

Was hier gebraut wird, ist wahrhaft in aller Munde: Brauerei Budvar

spiegelt das Selbstbewusstsein wider, mit dem die Bürger im »Siena Südböhmens« ans Werk gingen.

Solnice
Wie das Salzhaus mit seinem Treppengiebel, die ehemaligen Fleischbänke und der vom Volksmund Eiserne Jungfrau getaufte Burgturm mit Wehrgang erinnern die mittelalterlichen Gassen um den Hauptplatz an die Blüte der Stadt im 16. Jh. Die Budweiser verdienten sich mit der Lagerung von Salz, mit Fischzucht in den Weihern rund um die Stadt und mit ihrem Budvar eine goldene Nase.

MUSEUM

Budějovicky Budvar
Die berühmte Brauerei Budvar bietet Führungen inklusive Verkostung an. Telefonische Anmeldung nötig! *Nördlich der Altstadt, Karolíny Světlé 4, Tel. 038/770 53 41*

ESSEN & TRINKEN

Klika
Echt südböhmische Speisen. Entzückende Terrasse. *Zátkovo nábřeží, Tel. 038/371 56,* €€€

Metropol
Modernes Lokal mit Bar. Komfortables Ambiente. *Senovážné náměsti 2, Tel. 038/731 12 56,* €€

ÜBERNACHTEN

Grand Hotel Zvon
Historisches Haus. Restaurants, Café. *72 Zi., náměsti P. Otakara II. č. 28, Tel. 038/731 13 84, Fax 731 13 85, zvon@mbox.terms.cz,* €€€

U Solné brány
Altstadthotel mit Restaurant. Elf Zimmer mit Balkon oder Terrasse. *Radniční ulice 11, Tel. 038/635 41 21, Fax 635 41 20, peliskova@volny.cz,* €€

AM ABEND

Restaurace Masné krámy
In der lang gestreckten Bierhalle gibt es südböhmische Spezialitäten und süffiges Bier. *Krajinská 13, Tel. 038/633 26 52*

AUSKUNFT

Městské informační centrum
Náměstí Přemysla Otokara II. č. 2, Tel./Fax 038/635 94 80

ZIELE IN DER UMGEBUNG

Hluboká nad Vltavou **[128 C4]**
★ 83 m über einer Moldauschleife thront Schloss Frauenberg, das 1840–1871 nach dem Vorbild von Schloss Windsor in Großbritannien umgebaut wurde. Die Sammlungen in den 140 Räumen dokumentieren adelige Wohnkultur mehrerer Generationen. In der einstigen Reitschule zeigt die *Alšova Jihočeská Galerie (Aleš-Galerie)* Gemälde aller südböhmischen Maler von Rang (Mittelalter bis Gegenwart). Besonders hübsch: die witzig-kreativen Werke der letzten Jahrzehnte (Insider Tipp) im hinteren Raum. Hluboká ist auch eine beliebte Hochzeitskulisse. *Tgl. 9–17 Uhr. 9 km nördlich*

Kloster Lomec **[128 B4]**
Die Barockkirche im Wald ist ein Kleinod und eine heimliche Wallfahrtskirche. Auffällig ist der mit Säulen und Baldachin verzierte Altar. *25 km nordwestlich*

ČESKÝ KRUMLOV (KRUMAU)

[128 B5] Wenn die Tagesgäste abgereist sind, ist das Mittelalter in Krumau (14 000 Ew.) mit Händen zu

MARCO POLO Highlights »Südböhmen«

★ **Náměstí Přemysla Otokara II.**
Der Budweiser Marktplatz besticht mit seiner Gesamtkomposition (Seite 47)

★ **Hluboká nad Vltavou**
Ein neogotisches Märchenschloss mit 140 Räumen übertrumpft die Windsors (Seite 49)

★ **Maskensaal in der Burg von Český Krumlov**
Illusion ist hier Programm: Hofmaler Josef Lederer verwandelte einen leeren Raum in eine Commedia dell'Arte (Seite 50)

★ **Fürstenhaus in Prachatice**
Freude am Exotischen: Ein Elefantensgraffito rundet den mustergültigen Renaissanceplatz ab (Seite 56)

★ **Museum des animierten Films in Kratochvíle**
Ein Wasserschloss ist die Kulisse für eine geniale Ausstellung zum tschechischen Trickfilm (Seite 57)

greifen. Wer sich diesem Kulturidyll nach Einbruch der Dunkelheit nähert und unter der Mantelbrücke hindurch die Stadt betritt, blickt gebannt die im Zwielicht surreal geäderten Felsen empor, aus denen organisch die Mauern des Rosenberger Schlosses wachsen. Windschiefe Häuser buckeln eng aneinander gedrängt, verwinkelte Gassen scheinen sich zwischen ihnen einen Weg bahnen zu wollen.

SEHENSWERTES

Náměstí Svornosti

Die 1992 von der Unesco zum Weltkulturerbe erhobene Altstadt ist für Autos gesperrt (Ausnahme: Hotelzufahrt). Auf dem Hauptplatz stechen das *Rathaus* aus dem 16. Jh. und eine *Pestsäule* hervor.

Zámek

Die mittelalterliche Burg von Krumau wurde im 16. Jh. zum Renaissanceschloss umgebaut. Durch das *Bärentor* gelangt man in den ersten Hof mit *Brunnen, Burggrafenamt* und *Alter Münze.* Weiter stehen dort der Wohntrakt, der *Hrádek (Kleine Burg)* und der gotische *Rundturm.* In der *Oberen Burg* befinden sich das *Rosenberg-Zimmer,* die *Georgskapelle* (Südflügel) und eine zweite *Kapelle* mit Netzgewölbe. Im Westflügel erwartet Sie der sehenswerte ★ *Maskensaal.* In ihm ist Illusion Programm. Nur mit malerischen Mitteln verwandelte Hofmaler Josef Lederer den leeren Raum in einen Theatersaal voller Masken tragender Partygäste aus der italienischen Commedia dell'Arte. Zum *Spätbarocktheater* mit erhaltener Ausstattung (Kulissen, Kostüme, Libretti) führt eine weitere Brücke. Es schließen sich eine *Reithalle* und der *Schlosspark* mit dem *Gartenpavillon Bellarium* an. *April, Mai und Sept., Okt. Di–So 9–12 und 13–16, Juni–Aug. 9–17 Uhr*

Insi Tip

Das mittelalterliche Krumau: von der Unesco zum Weltkulturerbe erklärt

MUSEUM

Mezinárodní kulturní centrum Egona Schieléhο

Neben Zeichnungen und Aquarellen des Expressionisten sind im Egon-Schiele-Zentrum wechselnde Sonderausstellungen (vor allem Künstler der k. u. k. Monarchie) zu sehen. Egon Schiele, dessen Mutter aus Český Krumlov stammte, lebte hier nur zwei Jahre (1910/11). Dann ergriff er die Flucht, weil er wegen freizügiger Aktzeichnungen Probleme mit der Justiz bekam. Sein Leben und früher Tod sind an Hand von Fotos und Dokumenten dargestellt. *Tgl. 10–18 Uhr, Široká 71/72*

ESSEN & TRINKEN

Rybárská bata Jakuba Křína

Gemütliches Lokal mit südböhmischen Fisch- und Wildspezialitäten. *Kájovská 54, Tel. 038/798 12 94,* €€

Teraza Barbora

Terrasse mit Blick auf Schloss und Moldau. *Široká 89, Tel. 0337/71 30 70,* €€

ÜBERNACHTEN

Na louži

Hübsches Hotel in einem Renaissancehaus mit Möbeln aus den Jahren 1910–1939. *7 Zi., Tel./Fax 0337/71 12 80, Kájovská 66, www.nalouzi.cz,* €€–€

Straninger

Stilvolle Möbel, alte Holz- und Stuckdecken. *6 Apartments, Široká 49, Tel./Fax 0337/71 25 73,* €€–€€€

SPORT & FREIZEIT

Flusswandern

Bootstouren (auch mit Rücktransport) und Bootsverleih. *P. Maleček s. r. o., Rooseveltova 28, Tel./Fax 0337/71 25 08, lode@malecek.cz*

AM ABEND

Hospoda Na louži Insider Tipp

Winzige alte Kneipe, Einrichtung aus den 30ern (alte Emailschilder). Reservieren! *Kájovská 66, Tel. 0337/71 12 80*

Zlatý anděl

Liebevoll eingerichtete Kneipe. Livemusik. *Tel. 0337/71 23 10, náměsti Svornosti 10/11*

AUSKUNFT

Infocentrum

Náměsti Svornosti 1, Tel 0337/71 16 50, Fax 71 11 83, infocentrum@ckrf.ckrumlov.cz

ZIELE IN DER UMGEBUNG

Horní Planá **[128 A5]**

Oberplan (2000 Ew.) liegt im Sommerurlaubsgebiet am Lipno-Stausee. *Museum* im Geburtshaus des Schriftstellers Adalbert Stifter *(Di–So 10–18 Uhr, Palackého 21).* Gutes Essen und ein Bett gibt es in der *Penzion Pihlov (26 Zi, Tel. 0337/73 82 45, €).* Am See eine sehr schöne *Chaty-Siedlung* (mittelgroße Holzhäuschen mit Balkon und vier Betten). *28 km westlich*

Rožmberk nad Vltavou **[128 B6]**

Von der Burg der Rosenberger steht noch ein *Rundturm.* An- und Umbauten gaben der Burg ihr heutiges

Auf der Moldau können Sie am Schloss Rožmberk vorbeipaddeln

Aussehen. Das ganze Gebäude steckt voller Stilmöbel des 16. und 17. Jhs. und Renaissancekachelöfen. Interessante manieristische Ausmalungen im Rittersaal (1601–16). *April–Okt. Di–So 9–17 Uhr. 18 km südlich*

Vyšší Brod **[128 B6]**
Stift Hohenfurth ist wegen seiner frühgotischen Kirche und der barocken Bibliothek mit Intarsienschränken *(tgl. 8.30–17 Uhr)* berühmt. Sehenswert das Kreuzrippengewölbe in Kirche und Kreuzgang. Im Klosterareal: *Museum zum Postwesen* ab dem 16. Jh. *April–Okt. Di–So 9–12 und 13–17 Uhr. 34 km südlich*

Zlatá Koruna **[128 B5]**
Vom berühmten Kloster Goldenkron sind eine imposante gotische Kirche und ein Teil der Inneneinrichtung erhalten. *7 km nordöstlich*

JINDŘICHŮV HRADEC

[129 D4] Neuhaus (22 000 Ew.) bezieht seinen Charme von der Insellage am Fuß der Böhmisch-Mährischen Höhe zwischen dem Vajgar-See und dem Fluss Nežárka. Die Altstadt innerhalb der Stadtmauer bietet ein fast geschlossenes Renaissancebild mit Einsprengseln aus Mittelalter und Barock. Zur Blütezeit der Tuchmacherstadt im 15. und 16. Jh. erfolgte der Umbau der mittelalterlichen Burg in ein italienisches Renaissanceschloss.

SEHENSWERTES

Kostel sv. Jana Křtitele
An die asymmetrische zweischiffige Kirche *Johannes' des Täufers* mit gotischen Wandmalereien schließt das *Minoritenkloster* mit Fresken aus dem 14. Jh. im Kreuzgang an.

Náměstí Míru
Auffälligstes Bürgerhaus auf dem spitz zulaufenden Marktplatz ist das *Langer-Haus (Nr. 139/1)* mit Arkadenflügel und herrlichen figuralen Sgraffiti. Ein Blick in die Häuser *Nr. 86* und *87* lohnt, stößt man hinter den Toren doch auf palazzoartige Treppen und Arkaden auf toskanischen Säulen. Die *Statuengruppe*

mit Maria und Dreifaltigkeit ist das bedeutendste Barockdenkmal der Stadt.

Zámek
Von der gotischen Burg sind mehrere Höfe, eine Kapelle mit Wandgemäldezyklus zur Georgslegende und eine wegen des offenen Kamins so genannte schwarze Küche erhalten. Der *Renaissancepalast* mit dreistöckigen Arkaden und der einzigartige *Gartenpavillon (Rondel)* mit reichen plastischen Verzierungen stammen aus dem 16. Jh.; im Turm allegorische Wandmalereien. *Di–So 9–12 und 13–17 Uhr, im Juli 21.30 Uhr Nachtwanderung durch die Burg*

MUSEUM

Okresní muzeum v Jindřichově Hradci
Das Museum im alten Jesuitenseminar zeigt gotische Plastiken, Gemälde (Renaissance bis 20. Jh.) und die größte mechanische Krippe der Welt. *Tgl. 8.30–11.30 und 12.30 bis 16.30 Uhr, Balbínovo náme˘sti 19/I*

ESSEN & TRINKEN

Zlatá husa
Sehr gutes Essen in der modernen Atmosphäre des Hotels *Concertino.* Wild- und Fischspezialitäten. *Náměsti Míru 141/I, Tel. 0331/ 36 23 20,* €€

ÜBERNACHTEN

Concertino
Modernes, stimmungsvolles Haus mit Restaurant, Grillterrasse, Bierstube und Cafébar. *37 Zi., náměsti Míru 141/I, Tel. 0331/36 23 20, Fax 36 23 23, www.concertino.cz,* €€–€€€

Grand Hotel
Haus aus den 40er-Jahren. Weinstube und Restaurant. *28 Zi., náměsti Míru 165/I, Tel. 0331/36 12 52, Fax 36 12 51, grand@esnet.cz,* €€

AUSKUNFT

Informační středisko
Panská ulice 136/I, Tel. 0331/ 36 35 46, Fax 36 15 03, info@jh.cz

ZIELE IN DER UMGEBUNG

Cěrvená Lhota **[129 D3]**
Das Renaissance-Wasserschlösschen ist durch eine Steinbrücke mit dem Festland verbunden. Es besitzt barocke Stuckaturen und Fresken, eine intime Einrichtung aus Barock und Rokoko sowie schöne Kachelöfen. *16 km nordwestlich*

Lodhéřov **[129 D3]**
Toller Rundblick vom 659 m hohen *Čertův Kámen (Teufelstein). 12 km nördlich*

Slavonice **[129 E4]**
Zlabings (2500 Ew.) hat eine gotische *Kirche* mit Renaissanceturm und zwei schön erhaltene *Stadtplätze* mit sgraffitiverzierten Giebelhäusern. *35 km südöstlich*

PÍSEK

[128 B3] Der schönste Blick auf die alte Hussiten- und Goldwäscherstadt Písek (30 000 Ew.) eröffnet sich von der *Starý kamenný most (Hirschbrücke)* über die Otava. Die älteste Steinbrücke Böhmens aus dem 13. Jh. mit ihren barocken Figuren verbindet die Píseker Altstadt mit neueren Stadtteilen.

SEHENSWERTES

Alšovo náměstí
Einige hübsche Renaissance- und Jugendstilfassaden säumen den unteren Platz der Stadt.

Kostel narození P. Marie
Bis in 74 m Höhe reicht der reliefgeschmückte Turm der gotischen Stadtkirche Mariä Geburt, deren Außenpfeiler mit an dieser Stelle ungewöhnlichen Fresken versehen sind. Innen lohnt das gotische Tafelbild »Madonna von Písek« eine längere Betrachtung.

Velké náměstí
Am Hauptplatz fallen zwei Bauten ins Auge: das barocke *Alte Rathaus* mit allegorischem Figurenschmuck und kirchenähnlichen Türmen, in dessen Hof ein gotischer *Palas* der im 16. Jh. abgebrannten Königsburg überdauerte, und die schöne Fassade der *Dominikanerkirche.*

MUSEEN

Prácheň-Museum
Geschichte des Kreises Písek und der ehemaligen Prácheň-Region. Besonderheit: Goldwäscherei im Otava-Gebiet. *April–Okt. Di–So 9 bis 17, Nov.–März 9–16 Uhr, Velké náměstí 114*

Wasserkraftwerk
Kurz vor der Hirschbrücke können Sie im Museum der Křiřík-Kraftwerke erfahren, wie aus Wasser Energie gewonnen wird. *Di–So 8–12 und 13–16 Uhr, Pod skalou*

ESSEN & TRINKEN

City Hotel
Hotelrestaurant. Empfehlenswert sind die Fischspezialitäten. *Alšovo náměsti 35, Tel. 0362/21 56 34,* €€

Cukrána Pod věží
Nettes Café bei der Kirche. *Tel. 0362/21 69 92, ulice Janáčkova Ecke Bakarláře*

ÜBERNACHTEN

City Hotel
Gemütliche Herberge in gotischem Haus. Gute Küche. *20 Zi., Alšovo náměsti 35, Tel. 0362/21 56 34, Fax 21 51 92, www.cityhotel.cz,* €€–€€€

Pod Skalou
Hotel Unter dem Felsen. Am Fuß der Burg, romantisch an die Stadtmauer geschmiegt. Restaurant, Weinstube und Terrasse. *16 Zi., Pod Skalou 158, Tel./Fax 0362/21 47 53,* €

U Kloudů
Kleine, hübsche Pension im Zentrum, die auch ein sehr ordentliches Restaurant zu bieten hat. *14 Zi., Nerudova 66, Tel. 0362/21 50 18,* €

AUSKUNFT

Infocentrum
Heyduhova 97, Tel./Fax 0362/ 213592, www.icp.isch.cz

ZIELE IN DER UMGEBUNG

Blatná **[128 A2]**
Das Rosenzuchtstädtchen Platten (7500 Ew.) überrascht mit einem großen Wasserschloss im Stil der Windsors. Gotische Malereien im

Hauptturm, Reste einer romanischen Kapelle. *Mai–Sept. Di–So 10 bis 18 Uhr, Na Příkopech 320. 28 km nordwestlich*

Orlík nad Vltavou **[128 B2]**
Schloss Orlík, das früher hoch über der Moldau thronte, steht heute am Ufer eines Stausees. *April, Okt. Di–So 9–16, Mai, Sept. 9–17, Juni–Aug. 9–18 Uhr. 25 km nördlich*

Strakonice **[128 A3]**
In Strakonitz (24 000 Ew.) gibt es sehenswerte Bauernbarockhäuser und eine *Johanniterburg* mit Wandmalereien in der Kapelle. Besondere Themen im *Schlossmuseum (Di–So 8–17 Uhr):* Goldwäscherei, Dudelsackpfeifen. *20 km westlich*

Zvíkov **[128 B2]**
Über dem Zusammenfluss der Otava und der Moldau thront die Burg Klingenberg. Ein herrlicher Arkadenhof und Fresken des 15. und 16. Jhs. machten es zu einem Juwel des böhmischen Mittelalters. Amüsant sind vor allem die profanen Fresken im Tanzsaal. *April, Mai, Sept., Okt. Sa, So 9–16, Juni–Aug. Di–So 9–17 Uhr.* Besonders romantisch erreicht man Schloss Orlík vom Ort Zvíkov aus per Schiff. *Sa, So 11 und 15 Uhr, Information unter Tel. 0362/961 97. 15 km nördlich*

PRACHATICE

[128 A4] Durch das *Písecká braná (Piseker Tor)* betreten Sie das mittelalterliche Prachatitz (12 000 Ew.), ein seit dem 16. Jh. nahezu unverändertes Städtchen am ehemaligen Goldenen Steig. Die *Dekanatskirche* zieht mit ihrem hoch ragenden

Am Hauptplatz steht das reich verzierte Rathaus von Prachatice

Turm alle Blicke auf sich. Auf dem wunderschönen *Renaissance-Marktplatz* stehen reich mit Sgraffiti verzierte *Bürgerhäuser.*

SEHENSWERTES

Dolní brána
Die Außenwand des zinnengekrönten Unteren Píseker Tors ziert eine Abbildung Wilhelms von Rosenberg zu Pferd. Im Torbogen findet man noch Laufrollen der einstigen Zugbrücke.

Kostel sv. Jakuba
Die spätgotische Dekanatskirche St. Jakob hat einen ungewöhnlich hohen Dachstuhl und nur einen

Turm. Im Inneren interessantes Netzgewölbe.

Literatenschule
Besonders schöne Sgraffiti sind in der Attika der Literatenschule (16. Jh.) zu entdecken. *Haus Nr. 29 in der Nähe des Píseker Tors*

Velké náměstí
Auf dem Hauptplatz sticht das *Alte Rathaus* mit antiken und biblischen Sgraffitiszenen nach Motiven Hans Holbeins heraus. Die reichen Bürger ließen der Phantasie ihrer Fassadenmaler freien Lauf: Ein etwas verfremdetes Elefantenporträt an der Seitenfront des ★ *Fürstenhauses* Nr. 169 verrät das Interesse der Handelsstädter an exotischen Ländern.

Insider Tipp

MUSEUM

Prachatické muzeum
Das *Stadtmuseum* ist in einem Giebelhaus am Marktplatz untergebracht. Es zeigt eine Dokumentation des Salzhandelswegs über den Goldenen Steig (Säumerwesen) und regionale Funde aus der Vor- und Frühgeschichte und widmet sich der Renaissance – dem goldenen Zeitalter der Stadt Prachatice. *Di–So 9–12 und 13–17 Uhr, Velké náměstí 13*

ESSEN & TRINKEN

Bastion
Vornehmes Lokal in der alten Bastion an der Stadtmauer. Böhmische und internationale Küche. *Hradební 175, Tel. 0338/216 66,* €€

Vanesa
Café direkt am Tor mit Terrasse. Schöner Blick auf die alte Stadtbefestigung. *Kostelní náměstí*

ÜBERNACHTEN

Park
Modernes Kongresshotel neben dem Stadion. *50 Zi., U stadionu 383, Tel./Fax 0338/31 63 70, parkhotel@telecom.cz,* €€€

Parkán
Nettes Haus im Zentrum. *22 Zi., Věžní 51, Tel./Fax 0338/31 18 68, pavel.hlavac@iol.cz,* €€

AM ABEND

Vinárna pod věží
Weinstube im Stadttor. Es gibt Gambrinus-Bier und kleine Speisen. *Tgl. 10–23 Uhr, Kostelní náměstí*

AUSKUNFT

Infocentrum
Velké náměstí 2, Tel./Fax 0338/31 25 63, icentrum@prachatice-info.cz

ZIELE IN DER UMGEBUNG

Husinec **[128 A4]**
An den berühmten Reformator Jan Hus erinnern Museum und Denkmal in seinem Geburtsort. *Mai–Sept. Di–So 8–12 und 13–16 Uhr, Husova 37. 5 km nördlich*

Kašperské Hory **[127 F4]**
Der ehemalige Goldbergbauort Bergreichenstein (2000 Ew.) liegt im Šumava. Zu sehen gibt es die *Ruine Kašperk*, die *Friedhofskirche* mit gotischen Malereien und ein *Renaissancerathaus. 35 km nordwestlich*

Kratochvíle **[128 B4]**
Das wunderschöne Wasserschloss Kurzweil ließen im 16. Jh. die Ro-

senbergs erbauen. Umfassung und Innenwände sind mit figürlichen Motiven und Ornamenten dekoriert. Sehenswerte *Schlosskapelle.* In den stuckierten Innenräumen ist eine einzigartige ★ *Ausstellung zu den legendären tschechischen Zeichentrick- und Puppenfilmen* (»Kleiner Maulwurf«, »Špejbl und Hurvínek«) zu sehen. Von der Skizze bis zum Aufbau ganzer Szenen wird alles vorgeführt, auch per Video. *April, Mai, Sept., Okt. Di–So 9–16, Juni–Aug. 9–17 Uhr. 15 km nordöstlich*

Libín **[128 A5]**

Eine tolle Aussicht über den Böhmerwald bietet der *Turm* auf dem Berg Libín (1096 m) mit uriger Berghütte, in der man übernachten kann. *Tel. 0338/31 21 29, Fax 240 26, €. 5 km südlich*

Sušice **[127 F3]**

Schüttenhofen (12 000 Ew.) hat einen schönen *Marktplatz* mit gotischen Bürgerhäusern und einen *jüdischen Friedhof* aus dem 17. Jh. Die auffällige spätgotische *Dechantei* mit Renaissanceattika ist heute das *Muzeum Šumavy (Böhmerwaldmuseum).* Witzige Ausstellung rund um das Thema Zündhölzer, die hier seit über 150 Jahren hergestellt werden *(Mai–Okt. Di–Sa 9–12 und 13 bis 17, So 9–12 Uhr). 45 km nordwestlich*

Vimperk **[128 A4]**

Winterberg (7000 Ew.) ist Ausgangspunkt für Touren in das Urwaldgebiet um den 1362 m hohen Berg *Boubín.* Es steht seit 1858 unter Naturschutz: Geboten werden ein Naturlehrpfad und 300–400 Jahre alte Bäume. Im *Schloss* der Schwarzenbergs gibt es ein *Museum zur Glasmacherei im Böhmerwald und zum Buchdruck (Di–So 9–16 Uhr). Infocentrum Harpuna, V parku, Tel. 0339/41 18 94. 17 km westlich*

TABOR

[128 C2] Revolutionär sieht Tabor (34 000 Ew.), ehemals Lager *(tábor)* des Hussitenführers Jan Žižka und seiner radikalen Taboristen, nicht gerade aus. Aber die mittelalterliche Stadtgründung auf einer Anhöhe zwischen dem Jordanteich und dem Fluss Lužnice soll ja schließlich auch den biblischen Berg Tabor verkörpern. Die teilweise erhaltenen Befestigungen umrahmen einen geschlossenen Altstadtkern, der mit seinen verwinkelten Gassen und dem zentralen Žižkovo náměstí seinen Zweck lange Zeit erfüllte: Das Hussitenlager samt unterirdischem Labyrinth diente den heiligen Kriegern als weit verzweigtes Zufluchtsnetz.

SEHENSWERTES

Kotnov

Von der Burg am Bechiner Stadttor *(Bechyňská brána)* überdauerte nur ein *Rundturm* die Hussitenkriege. Abteilung des Stadtmuseums: »Leben und Arbeiten im Mittelalter«. *Mai–Sept. Di–So 8.30–17 Uhr*

Žižkovo náměstí

Auf dem Žižka-Platz ist die gotische *Dekanatskirche* das geistliche Pendant zur weltlichen Macht im *Rathaus.* Außerdem schöne Renaissancehäuser und ein Standbild des einäugigen Jan Žižka.

Renaissancehäuser säumen den Žižka-Platz in der Altstadt von Tabor

MUSEUM

Hussitenmuseum

Im Rathaus wird die Geschichte dieser Bewegung illustriert. Außerdem ist es Ausgangspunkt für Führungen durch die Insider Tipp mittelalterlichen Gänge unter der Stadt. *Mai Di–So, Juni–Sept. tgl., Okt.–April Mo–Fr 8.30–17 Uhr, Žižkovo náměsti 1*

ESSEN & TRINKEN

Meluzína

Gutbürgerliche Küche. *Martina z Húsky 55/3, Tel. 0361/25 41 80,* €–€€

ÜBERNACHTEN

Kapitál

Komfort im Zentrum. *24 Zi., třída 9. května 617, Tel. 0361/25 60 96, Fax 25 24 11, www.webquick.cz/hotel-Kapital,* €€

AM ABEND

Alfa Bar

Treff der Taborer Jugend. *Mo bis Do 16–2, Fr, Sa 14–2, So 14–24 Uhr, Klokotská 107*

AUSKUNFT

Informační centrum

Žižkovo náměsti 2, Tel. 0361/25 23 85

ZIEL IN DER UMGEBUNG

Pelhřimov **[129 E2]**

Pilgram (17 000 Ew.) im Westteil der Böhmisch-Mährischen Höhe hat eine sehenswerte ovale Altstadt mit vielen *Giebelhäusern* und interessante *Stadttore.* Im Schloss (16. Jh.) ist das *Kreismuseum (Di–So 9–16 Uhr)* untergebracht. Mitte Juni findet hier das *Kuriositätenfestival* statt. *44 km östlich*

TŘEBOŇ

[129 D4] Einziges Kapital der Bürger von Wittingau (10 000 Ew.) waren seit jeher die vielen Seen im Wittingauer Becken, das sie zum Zentrum der böhmischen Teichwirtschaft ausbauten. Das lauschige Wasserstädtchen zwischen *Zlatá stoka (Goldener Kanal)* und *Rybník svět (Weltteich)* besitzt eine idyllische Altstadt, der die kunstsinnigen Rosenberger ihren Stempel aufdrückten.

SEHENSWERTES

Chrám sv. Jiljí

Vom Originalinventar der Augustinerklosterkirche sind gotische

Wandmalereien und die *Madonna von Wittingau* (1390) erhalten.

Masarykovo náměstí
Aus dem Ensemble bezaubernder Laubenhäuser sticht das *Rathaus* an der Südseite hervor. Ein *Brunnen* und eine *Mariensäule* komplettieren das Bild. Das *Neuhauser Tor (Hradecká brána)* begrenzt den Platz im Osten.

Pivovar
Hinter dem *Schweinitzer Tor (Svínenská brána)* befindet sich das mittelalterliche *Zeughaus,* das später als Brauerei genutzt wurde.

Statní Zámek
Im 16. Jh. gründete Wilhelm von Rosenberg die große Schlossanlage am Masarykplatz als Stammhaus seines Geschlechts. Zu besichtigen sind ein 108 m langer Gang, das Renaissanceinventar und der riesige englische Garten. *Di–So 9–17 Uhr*

Vodácká bašta
Die *Wasserbastei,* ein Rest der alten Stadtbefestigung, liegt südlich des Gratzener Tors *(Novohradcká brána).* Im Park südlich des Weltteichs finden Sie die *Schwarzenbergsche Gruft* aus dem 19. Jh. *April–Okt. Di bis So 9–17 Uhr*

ESSEN & TRINKEN

U Čochtana
Gemütliches Lokal mit Weinstube. *Březanová 7, Tel. 0333/72 47 40,* €€

ÜBERNACHTEN

Bílý Koniček
Im schönsten Renaissance-Arkadenhaus am Hauptplatz residiert das Weiße Rössl. *10 Zi., Masarykovo náměsti 97, Tel./Fax 0333/72 12 13,* €€

Zlatá Hvězda
Das Hotel residiert in einem schönen, renovierten Renaissancegebäude. *42 Zi., Masarykovo náměsti 107, Tel. 0333/75 72 00, Fax 75 73 00, mailbox@zhvezda.cz,* €€–€€€

AM ABEND

Torpedo
Rockclub. Freitags tschechische Bands. Eintritt zur Disko frei, bei Konzerten 25 Kč. *Mo–Fr 13–24, Sa 18–3, So 17–24 Uhr, Zámek 110*

AUSKUNFT

Informační středisko
Masarykovo náměsti 103, Tel. 0333/72 11 69, Fax 72 13 56, iks @tbnet.cz

ZIELE IN DER UMGEBUNG

Chlum u Třeboně **[129 D4]**
Das kleine Chlum (1800 Ew.) ist nicht nur ein beliebter Naherholungsort mit guten *Bademöglichkeiten* am Hejtman-Teich, sondern bietet mit seinem *Barockschloss* und dem schönen *Park* auch kulturelle Erbauung. In der *Kristallglashütte* können Sie böhmisches Glas der Marke Český křišt'al kaufen. *12 km südöstlich*

Rožmberský rybník **[129 D4]**
In der Seenlandschaft von Třeboň ist besonders der Ende des 16. Jhs. angelegte, 490 ha große Rosenbergerteich einen Ausflug wert. *3 km nördlich*

»Edle frouwen« und Rassepferde

Renaissance inmitten altböhmischer Jagdgründe

Zwischen den rauschenden Wäldern des Adlergebirges an der nordöstlichen Landesgrenze und der sanften Hügellandschaft der Böhmisch-Mährischen Höhe erstreckten sich in der fruchtbaren Elbebene die Jagdgründe des ostböhmischen Geschlechts derer von Pernstein. Diese hinterließen nicht nur zahlreiche Jagdschlösser, sondern mit der im 16. Jh. nach einem einheitlichen Plan umgebauten Stadt Pardubice auch die mustergültige Idealanlage einer Renaissancestadt. Für das dort veranstaltete grausame Parforcerennen, das Große Pardubitzer Steeplechase, kann man die adeligen Pferdenarren jedoch nicht verantwortlich machen – das schwerste Hindernisrennen Europas, das Jahr für Jahr eine große Zahl an vierbeinigen Opfern fordert, wurde erst 1874 ins Leben gerufen.

Der unbestrittene Mittelpunkt Ostböhmens liegt 20 km nördlich davon: Der Verkehrsknotenpunkt Hradec Králové (Königgrätz) wartet aber noch immer auf seine touristische Entdeckung. Obwohl die »Burg der böhmischen Königinnen« (Die Stadt trägt diesen Namen, weil einst Edelfrauen hier residierten) im 18. Jh. einem bischöflichen Seminar und der Nepomuk-Kirche weichen musste, birgt das wirtschaftliche und kulturelle Zentrum der Region sehenswerte städtebauliche und künstlerische Zeugnisse der Vergangenheit.

Klare, fast strenge Formensprache: das Renaissanceschloss Litomyšl

Hradec Králové (Königgrätz)

[121 F4] Viele Reisende lassen auf ihrer Fahrt von Prag nach Breslau das stattliche Königgrätz (100 000 Ew.) am Zusammenfluss von Labe (Elbe) und Orlice (Adler) links liegen und versäumen so die Residenzstadt der böhmischen Königsgattinnen. Seinerzeit konnten sich die edlen frouwen nicht über einen Mangel an gesellschaftlichem Leben hinter den damals noch intakten Mauern der Altstadt beklagen. Das fröhliche Treiben auf dem dreieckigen Marktplatz zeugt noch heute davon, dass die Königgrätzer keine Kinder von Traurigkeit sind. Während die imposanten Häuser der Altstadt den Reichtum der mittelalterlichen Stadt demonstrieren, bezeugt die Anfang des 20. Jhs. westlich der Elbe großzügig angelegte Neustadt, in der sich Josef Gočár und Jan Kotěra, die Stararchitekten der Ersten Republik, verwirklichen durften, den beachtlichen Wohlstand des modernen Hradec Králové. In den 30er-Jahren des 20. Jhs. wurde dieses Meisterwerk modernen Städtebaus auch als »Salon der Republik« bezeichnet.

SEHENSWERTES

Kostel sv. Ducha
Die Hl.-Geist-Kathedrale aus dem 14. Jh., ein wunderschöner Backsteinbau am Hauptplatz, diente jahrzehntelang als Grablege des Hussitenführers Jan Žižka, bevor er nach Čáslav umgebettet wurde.

Labská hydroelektrárna
So hübsch kann ein Kraftwerk aussehen, wenn es der richtige Architekt (der Sezessionist František Sander) entwirft. *Südwestlich der Altstadt neben der Pražský most (Prager Brücke)*

Velké náměstí
In den *Laubenhäusern* am Marktplatz haben sich die Königgrätzer behaglich eingerichtet, während im *Alten Rathaus* (Renaissance) mit zwei repräsentativen Türmen über die Geschicke der Stadt entschieden wird. Von der *Bílá věž* (Weißer Turm) erklingt die Glocke Augustin mit ihrem satten Ton. Eine 19 m hohe, barocke *Pestsäule* kündet von der Plage, die die Bürger überstanden haben. Moderne Kunst zeigt die *Galerie moderního (Di–So 9–12 und 13–18 Uhr)* in einem Jugendstilgebäude von Osvald Polívka.

MUSEUM

Muzeum východních Čech
★ Das sehenswerte Gebäude im Sezessionsstil ist seit 1995 nationales Kulturdenkmal. Zu den Exponaten des Ostböhmischen Museums gehören Produkte ansässiger Firmen (Fotoapparate, Telefone, Grammofone, Mode), Fotos alter Geschäfte, Daguerreotypien und ein Stadtmodell von 1865. *Di–So 9–12 und 13 bis 17 Uhr, Eliščino nábřeží 465*

ESSEN & TRINKEN/ ÜBERNACHTEN

U Jana
Schön eingerichtete, ruhige Pension am Hauptplatz. Restaurant. *4 Zi., Velké náměsti 131, Tel. 049/ 551 23 55,* €€

U svatého Lukáše
Angenehmes Haus im historischen Zentrum. Gutes Essen. *5 Zi., Úzká 208, Tel. 049/521 06 16,* €€

FREIZEIT & SPORT

Rundflüge über Hradec Králové, das Riesengebirge oder das Böhmische Paradies zu Spottpreisen bietet *Delta systém-air (V. Nejedlého 951, Tel./Fax 049/445 49)* an.

AM ABEND

Divadlo drak
Ins Tip
Das preisgekrönte Team des Marionettentheaters holte mit seinen revolutionären Inszenierungen bei internationalen Festivals zahllose Preise. *Do–So, Sa, So nachmittags Kinderprogramm, Hradební 632, Tel. 049/551 47 21*

Jazz club Satchmo
Kleiner Jazzkeller mit Restaurant und Bar. Fr, Sa Livemusik (reservieren!). *Fr, Sa 11–23, So–Do 11–22 Uhr, Dlouhá ulice 96/97*

AUSKUNFT

Informační středisko
Gočárova třida 1225, Tel./Fax 049/ 553 44 85, infocentrum@serverhk.czcom.cz

ZIELE IN DER UMGEBUNG

Chlum [121 F4]
Zur Gedenkstätte für die preußisch-österreichische Schlacht bei Königgrätz am 3. Juli 1866 gehört ein eigenes Museum mit Dioramen. *Di bis So 9–12 und 13–17 Uhr. 8 km nordwestlich*

Chlumec nad Cidlinou [121 E5]
Klum (5000 Ew.) besitzt ein herrliches Barockschloss mit kronenförmiger Kuppel: ★ *Karlova koruna (Karlskrone).* Benannt ist es nach Kaiser Karl VI., der anlässlich seiner Krönung zum böhmischen König 1723 hier zu Besuch war. Nach schweren Verwüstungen durch einen Brand wurde das Schloss bis Ende der 60er-Jahre wieder aufgebaut. Im Park ist uralter Baumbestand erhalten. *Mai–Aug. tgl. 8–17, Sept. Di bis So 9–16, Okt.–April Sa, So 9–16 Uhr. 28 km westlich*

Kuks [121 F3]
Auf der so genannten Spitalterrasse in Kukus (500 Ew.) stehen 34 eindrucksvolle Barockstatuen, Allegorien von Tugenden und Lastern. *20 km nördlich*

Rychnov nad Kněžnou [122 A–B3]
Prunkstück der alten Tuchmacherstadt Reichenau (11 000 Ew.) ist das frühbarocke *Schloss* mit Gemäldegalerie und wertvollen Gobelins. Das *Jüdische Museum* illustriert die Geschichte der Juden in dieser Gegend. Auch eine Synagoge von 1787 ist erhalten. *35 km östlich*

PARDUBICE

[121 F5] Im Zentrum zeigt sich Pardubitz (99 000 Ew.) von seiner kunstsinnigen Seite: Nach der Zerstörung im Dreißigjährigen Krieg erlebte die ostböhmische Pernstein-Residenz eine Wiedergeburt als Idealstadt der Renaissance. Die italieni-

MARCO POLO Highlights »Ostböhmen«

★ **Muzeum východních Čech**
In Königgrätz gibt es tolle Ausstellungen in einem Bau aus der Sezessionszeit (Seite 62)

★ **Schloss Karlova koruna**
Ein bombastisches Barockschloss mit kronenförmiger Kuppel (Seite 63)

★ **Pernštejnské náměstí**
Der Pernsteinplatz in Pardubice bietet Renaissance vom Feinsten (Seite 64)

★ **Schloss Litomyšl**
Der Herrschaftssitz ist das Sahnehäubchen auf einer gelungenen Stadtkomposition (Seite 65)

schen Vordenker für die Stadtplanung in der frühen Neuzeit hätten an der Altstadt hinter der geschlossenen Stadtmauer ihre wahre Freude gehabt.

SEHENSWERTES

Kostel Sv. Bartoloměje
Südlich des Schlossgartens steht St. Bartholomäus. Beachtenswert sind das gotische Portal und der Kampanile der später im Renaissancestil umgebauten Kirche.

Městské divadlo
Am Platz der Republik liegt eine Architekturperle: das liebevoll dekorierte Jugendstiltheater mit seinem plastischen Portal.

Pernštejnské náměstí
★ Hinter der galeriebestückten *Zelená brána* (Grünes Tor, 1507 bis 1534) macht der Pernsteinplatz seinem Titel als »Stadtsalon« alle Ehre: Stolze Bürgerhäuser umrahmen das Neorenaissance-*Rathaus* mit Sgraffiti des berühmten Mikoláš Aleš und die figurenreiche *Mariensäule* von 1680.

Zámek
In einem Park mit Festungsbauten erhebt sich ein *Renaissanceschloss.* Arkadenhof und Rittersäle mit Wandmalereien sind großartig renoviert. *Nördlich der Altstadt*

ESSEN & TRINKEN

U bílého Koníčka
Insider Tipp
Böhmische Küche. Terrasse, Weinstube. *Pernštynské náměsti 60, Tel. 040/51 60 40,* €€–€€€

Paříž
Restaurant und Bierschänke. Französische Küche und Weine. In der *pivnice* kleine Gerichte, Gambrinus- und Purkmistr-Bier. *Sladkovského 2016, Tel. 040/51 05 04,* €–€€

ÜBERNACHTEN

Hotel 100
Kleines, aber feines Haus in der Altstadt. Restaurant. *10 Zi., Kostelní ulice 100, Tel./Fax 040/51 88 25,* €€

Die Prager Jazzszene

Im Osten nichts Neues

Vor der Wende waren Jazzer aus der Tschechoslowakei meist gefeierte Exoten auf westeuropäischen Festivals, weil sie nur selten im Ausland gastieren durften. Der tschechische Jazz gehörte zum Besten, was der Alte Kontinent in der improvisierten Musik aus der Neuen Welt hervorgebracht hatte. Doch die besten Zeiten sind inzwischen vorbei. Die Experimentierfreude der 60er- und 70er-Jahre ist einer Renaissance des Mainstream gewichen. Musiker/Bands: Jan Knop und Najponk Trio (Klavier), Ivonna Sanchez (Stimme, Latin Jazz), Karel Růžička (Klavier), Karel Růžička jr. (Saxofon).

Den mittelalterlichen Marktplatz von Litomyšl rahmen pastellfarbene Häuser

Labe
Großer Hotelturm mit Bar, Restaurant, Café und Kasino. *170 Zi., Masarykovo náměsti 2633, Tel. 040/ 653 53 59,* €€€

AM ABEND

U Čtyř Prstů
Gemütliche Kneipe mit überwiegend jungem Publikum. *Mo–Fr 10–22, Sa 15–23 Uhr, Pernštynské náměsti 58*

AUSKUNFT

Infocentrum Pardubice
Třida Míru 60, Tel. 040/661 24 74, Fax 661 18 35, www.pardub.cz

ZIELE IN DER UMGEBUNG

Lipnice nad Sázavou **[129 E1]**
In Lipnitz (1000 Ew.) liegt Jaroslav Hašek (1883–1923), der Erfinder des »Braven Soldaten Schwejk«, begraben. Sein *Wohnhaus* ist heute Gedenkstätte. *60 km südwestlich*

Litomyšl **[122 B4]**
Eine städtebauliche Perle ist Leitomischl (10 000 Ew.) mit seinem mittelalterlichen *Marktplatz* und einem ★ *Renaissanceschloss* (herrliche Sgraffiti, Barocktheater mit Originalkulissen). Im musealen *Geburtshaus Bedřich Smetanas (Okt.–April Sa, So 9–12 und 13–17, Mai–Sept. Di–So 9–12 und 13–17 Uhr, Smetanovy náměsti 72)* können Sie sich über Leben und Werk des Komponisten kundig machen. *54 km südöstlich*

Moravská Třebová **[122 C5]**
Mährisch-Trübau (12 000 Ew.) liegt kurioserweise in Böhmen. Sehenswert sind der Hauptplatz mit Pestsäule, das Schloss und das Stadttor. *80 km südöstlich*

Industriewüsten und Biotope

Eine merkwürdige Symbiose an der nördlichen Grenze

Nordböhmen galt lange als Synonym für Waldsterben und Umweltzerstörung. Die Schwerindustrie der Region ist aber nur eine Seite der Medaille. Wie in fast allen sozialistischen Ländern waren umweltzerstörende Branchen auf eng begrenzte Gebiete konzentriert. Daneben existieren in Nordböhmen herrliche Naturparadiese: Das Český ráj (Böhmisches Paradies) trägt seinen Namen zu Recht. Das älteste Naturschutzgebiet Böhmens lockt mit bizarren Felsformationen und wildromantischen Burgen Kletterer und Wanderer. An der Grenze zu Sachsen und Polen laden Elbsandstein-, Iser- und Riesengebirge zu Kletterpartien und Wintersport ein. Ökofreaks wird die große Artenvielfalt dieser Landstriche verblüffen. Der Kapitalmangel der sozialistischen Volkswirtschaft hatte nämlich auch sein Gutes: Zum Segen von Pflanzen und Tieren unterblieben häufig Straßenbauprojekte, Flussbegradigungen und das Abholzen von Hecken. Der Naturschutzgedanke ist – auch wegen der beschränkten Reisemöglichkeiten vor 1989 – weit verbreitet. Umweltinitiativen engagieren sich für Erhalt und Ausweitung von Naturschutzgebieten, für umweltschonende Produktionsweisen und gegen Atomkraft.

Kletterer im Český ráj: Das Böhmische Paradies ist Tschechiens ältestes Naturschutzgebiet

Charakteristisch für Nordböhmen: die farbenfrohen Holzbauernhäuser

LIBEREC

[121 D2] Reichenberg (101 000 Ew.), bis zum Zweiten Weltkrieg bedeutendste sudetendeutsche Stadt Nordböhmens, sind die Spuren der Zeitgeschichte ins Gesicht geschrieben. Das einst prachtvolle Tor zum Isergebirge hinterlässt auf den ersten Blick zwiespältige Gefühle: Glanzlichter der Kunstgeschichte ragen wie verwunschene Märchenschlösser aus einem Stadtbild, das seltsam zerrissen, an manchen Stellen auch verwahrlost wirkt. Als habe sich die Abneigung gegenüber den einstigen

Stadtherren auf deren Gebäude übertragen, zerfällt der Ort in drei widersprüchliche Teile: renovierte Prachtfassaden, Bausünden und -ruinen der letzten 40 Jahre und ein aufwändig herausgeputztes modernes Liberec, das als Universitätsstadt und nordböhmisches Zentrum der Euregio Neiße den Anschluss an das Europa des 21. Jhs. sucht.

SEHENSWERTES

Divadlo F. X. Šalda
1883 verwandelten Wiener Theaterarchitekten einen unscheinbaren Altbau hinter dem Rathaus in ein imposantes Stadttheater.

Kostel sv. Kříže
In der barocken Hl.-Kreuz-Kirche erwartet Sie ein Gemälde der »Hl. Anna Selbdritt«, das Albrecht Dürer zugeschrieben wird.

Radnice
★ Das Rathaus im Stil der flämischen Renaissance beherrscht mit seinem 65 m hohen Turm das Stadtbild. *Náměsti Dr. E. Beneše*

Valdštejnské domy
Die so genannten Waldstein-Häuser sind Fachwerkbauten aus dem 17. Jh. *Větrná ulička*

Zámek
Zum Renaissanceschloss gehört die Salvator-Kapelle mit filigranem Hochaltar, Oratorium und Kassettendecke. *Gutenbergová ulice*

MUSEUM

Severočeské muzeum
Das Nordböhmische Museum stellt Kultur und Wirtschaft (Textilien, Glas) Nordböhmens anschaulich dar. *Di–So 9–17 Uhr, Masarykova 11*

ESSEN & TRINKEN

Radniční sklípek
Der geräumige Ratskeller bietet gutes Essen. *Náměsti Dr. E. Beneše 1, Tel. 048/510 05 62,* €€

ÜBERNACHTEN

Radnice
Modernes Haus mit Sauna, Cafébar und Restaurant mit Terrasse. Nahe dem Rathaus. *25 Zi., Moskevská 11, Tel. 048/510 05 62, Fax 510 05 78,* €€€

AM ABEND

Duli
Whiskeybar, in der man auch zu Abend essen kann. *Moskevská 4*

Parlament
In dem Bierlokal können Sie unter drei Sorten der Brauerei Krušovice wählen. *Náměsti Dr. E. Beneše 1*

AUSKUNFT

Městské informační centrum
Náměsti Dr. E. Beneše 332, Tel. 048/510 17 09, Fax 524 35 89, mio@infoebc.cz

ZIELE IN DER UMGEBUNG

Frýdlant **[121 D1]**
★ Friedland (6200 Ew.) ist wegen Albrecht von Waldstein (Wallenstein) bekannt, dem das Schloss 1604–1634 gehörte. Außen mit Sgraffitischmuck verziert, bietet es innen interessant eingerichtete Räume vom Rittersaal bis zum Gesell-

schaftssalon. Vermutlich nahm Kafka den verschachtelten Bau zum Vorbild für seinen Roman »Das Schloss«. *April–Okt. Di–So 9–16 Uhr. 23 km nördlich*

Jablonec nad Nisou **[121 D2]**
Gablonz (45 000 Ew.) besitzt einige Bauwerke der Moderne. Besonders die konstruktivistische *Pfarrkirche* (1929–33) hat Seltenheitswert. Interessant ist auch das *Technische Nationalmuseum (Mo–Fr 9–17, Sa, So 9–12 und 13–17 Uhr, Jiráskova 4)* mit einer Ausstellung zur Glasindustrie. *8 km südöstlich*

Ještěd **[121 D2]**
★ Der Berg Jeschken (1012 m) ist auch per Seilbahn vom Vorort Horní Hanychov (Oberhanichen) aus zu erreichen. Oben wartet ein 92 m hoher Turm mit Restaurant, *Hotel (Tel. 048/510 42 91, Fax 510 42 95, info@hotel.jested.cz)* und tollem Blick. Ski- und Schlittenfahren sowie Langlauf sind möglich. *7 km südwestlich*

Krkonoše **[121 E–F2]**
Das wildromantische Riesengebirge, Rübezahls Reich, reicht bis Polen. Für Wander-, Kletter- oder Skitouren im *Krkonošsky národní park (Nationalpark Riesengebirge)* ist ein guter Ausgangsort das *Hotel Savoy (50 Zi., č. p. 23, Tel. 0438/49 32 21, Fax 49 32 41, €€€)*. Nicht entgehen lassen sollten Sie sich den Blick vom höchsten Berg des Landes, der *Sněžka (Schneekoppe, 1602 m)*. Ausführliche Informationen im MARCO POLO Band »Riesengebirge«.

TEPLICE

[119 F3] Die erste Annäherung an das älteste böhmische Heilbad Teplitz (53 000 Ew.) verläuft enttäuschend. Kein zentraler Marktplatz erleichtert die Orientierung, die Grenzstadt am Fuß des Erzgebirges zieht sich mit mehreren kleinen Stadtplätzen unauffällig in die Länge und gibt ihren Charme erst nach und nach preis. Wen diese Widerborstigkeit nicht abschreckt, der wird mit großzügigen Parkanlagen und Einblicken in üppige Villengärten belohnt, die den nostalgischen Esprit eines Zauberberg-Sanatoriums um die Wende zum 20. Jh. ausstrahlen.

MARCO POLO Highlights »Nordböhmen«

★ **Rathaus in Liberec**
Ein filigraner Bau als Stadtdominante (Seite 68)

★ **Burgschloss Frýdlant**
Liegt hier der Schlüssel zu Kafkas »Schloss«? (Seite 68)

★ **Ještěd**
Berg mit gigantischer Aussicht (Seite 69)

★ **Labské pískovce**
Das Elbsandsteingebirge: bizarre Felsformationen und tiefe Wälder (Seite 70)

SEHENSWERTES

Lážešky park
Städtischer Mittelpunkt ist der Kurpark mit dem so genannten Stahlbad, wo der 42 Grad warme Urquell aus dem Maul eines Wildschweins sprudelt.

Zámĕcké námĕstí
Der Platz vor dem Schloss mit der barocken *Pestsäule* markiert den ältesten Teil der Stadt. In den ausgedehnten *Schlossgärten* findet sich auch ein *Thermalfreibad.*

MUSEUM

Regionální muzeum
Sammlungen zu Geschichte und Natur der Region. *Zámecké námĕstí 14, Di–So 9–17 Uhr*

ESSEN & TRINKEN

Orient
Köstliche Meeresfrüchte und Geflügel in orientalisch verwinkelten Nischen. *U Zámku 8, Tel. 0417/ 259 14, €€*

ÜBERNACHTEN

Prince de Ligne
Edelherberge im Bäderviertel mit schönem Blick. Restaurant (französische und böhmische Küche) mit wunderschöner Terrasse. *32 Zi., Zamecké námĕstí 136, Tel. 0417/ 247 55, Fax 247 49, info@princede ligne.cz, €€€*

AUSKUNFT

Informační středisko
Benešovo námĕstí, Tel. 0417/ 459 97, teptour-info@mbox.vol.cz

ZIELE IN DER UMGEBUNG

Dĕčín **[120 A–B2]**
Attraktionen von Tetschen (55 000 Ew.) sind das imposante *Schloss* über der Elbe, das auf schmalem Felsstieg zu erreichen ist, sowie dessen schöner *Rosengarten. 34 km nordöstlich*

Duchcov **[119 F3]**
Schloss Dux ist eng verbunden mit Giacomo Casanova. Im barocken Schloss verdingte sich der verarmte Italiener im 18. Jh. als Bibliothekar und verbrachte seine letzten 13 Lebensjahre ganz zurückgezogen. Sein Schlaf- und Arbeitszimmer, wo er an seinen Memoiren feilte, ist heute Museum. *10 km südwestlich*

Labské pískovce **[120 B1–2]**
★ Das Elbsandsteingebirge ist auf Grund bizarrer Felsformationen, tiefer Wälder und der rauschenden Elbe ein wahres Naturparadies. Mitten in der zu Recht als Böhmische Schweiz titulierten Landschaft erhebt sich das *Pravčická brána (Prebischtor)*, ein natürliches Felstor mit 26,5 m Spannweite. *30 km nordöstlich*

Insider Tipp

Litomĕřice **[120 A3]**
Leitmeritz (27 000 Ew.) verzückt mit seinem Stadtplatz. Ihn prägt das *Mrázovsky dům (Kelchhaus)* aus dem 16. Jh. Sehenswert ist auch der barocke Dom *St. Stephan* mit Malereien der Cranach-Schule und einem Neorenaissance-Kampanile. Im Rathaus zeigt das *Kreismuseum (Di–So 10–17 Uhr)* ein illustriertes Gesangbuch von 1520 und ein Stadtmodell. Die *Stiegen (Machovy schody)* bieten einen herrlichen Blick über die Altstadt. Übernachten können Sie im *Hotel Salva Guarda (20 Zi.,*

Insider Tipp

Mírove náměsti 12, Tel. 0416/ 73 25 06, Fax 732798, www.salvaguarda.cz, €€) mit Restaurant. Auskunft: *Mírove náměsti 15/7, Tel. 0416/73 24 40. 30 km südöstlich*

Louny **[119 F4]**
Laun (23 000 Ew.), das auf einer hopfenreichen Elbterrasse liegt, besticht durch die tollkühne Architektur der *Kirche St. Nikolaus* mit dreiteiligem Zeltdach und spitzem Turm. *40 km südlich*

Terezín **[120 A3]**
In der alten Garnisonsstadt Theresienstadt (4000 Ew.) erinnert eine KZ-Gedenkstätte an den Naziterror in Tschechien. Eine Ausstellung mit Filmvorführung vermittelt einen Eindruck von den Grausamkeiten des Lagerlebens. Von 1940 bis 1945 brachte man rund 150 000 Gefangene nach Theresienstadt. 34 000 Menschen starben durch unsägliche Lebensbedingungen, Krankheit, Folter, Mord. Weitere 80 000 quälte man später in anderen Lagern zu Tode. *Památník Terezín und Muzeum Ghetta, Okt.–April tgl. 8 bis 16.30, Mai–Sept. 8–18 Uhr, Principova alej 304. 30 km südöstlich*

Ústí nad Labem **[120 A2–3]**
In Aussig (106 000 Ew.), der größten Industriestadt Nordböhmens, ließ der Zweite Weltkrieg nur wenig historische Bausubstanz übrig. Interessant ist aber die Umgebung. Die *Burgruine Střekov (Schreckenstein)* über der Elbstaustufe soll Richard Wagner zur Oper »Tannhäuser« inspiriert haben. Zu Fuß geht es von dort auf die *Vysoký Ostry (Hohe Wostrey)*, einen 585 m hohen Sandsteinfelsen mit berauschendem Fernblick. *18 km östlich*

Žatec **[119 E–F4]**
Das romantische Saaz (22 000 Ew.) besitzt Charme: ein geschlossener Renaissancemarktplatz, eine alte Burg, eine Synagoge und alte Stadttore. *48 km südwestlich*

Die Gedenkstätte im ehemaligen KZ Theresienstadt erinnert an den Naziterror

Tief im Osten geht die Sonne auf

Ein städtisches Kronjuwel und ungeschliffene Diamanten

Dem Umstand, dass in der Konkurrenz um die Hauptstadtwürde Mährens der alte Bischofssitz Olomouc 1641 gegen die südmährische Metropole Brünn unterlag, ist es zu verdanken, dass Olmütz, eine der schönsten Städte des Landes, im touristischen Dornröschenschlaf schlummert. Doch auch außerhalb dieses städtischen Kronjuwels sind Rohdiamanten zuhauf über die nordmährisch-schlesische Landkarte gestreut. Beispiel Ostrau: Als Industriekonglomerat verschrien, überrascht die drittgrößte tschechische Stadt mit einem attraktiven Kern, der alte Bausubstanz und Architektur der klassischen Moderne reizvoll verbindet. Beispiel Troppau: Trotz schwerer Kriegsschäden hat die Hauptstadt der schlesischen Region in Tschechien ihren rauen Charme gerettet. Beispiel Mährische Walachei: In Rožnov pod Radhoštěm gibt das 100 Jahre alte Museumsdorf einen lebendigen Eindruck vom bäuerlichen und städtischen Leben der Walachen, die sich auf noch immer nicht restlos geklärten Wegen hier ansiedelten. Nordmährens Facetten reichen vom Großstadttreiben bis zur ländlichen Einsamkeit des Kuhländchens, dessen bunt gefleckte Rinder auf den Wiesen zwischen Altvatergebirge und mährisch-schlesischen Beskiden auf die Alm getrieben werden.

Im Walachischen Freilichtmuseum

NOVÝ JIČÍN

[124 C3] Mitten im Kravařsko, dem Kuhländchen, das sich vom Oberlauf der Oder bis Fulnek erstreckt, liegt das blendend weiße Städtchen Neutitschein (29 000 Ew.), in dem die Hutschnur das Maß aller Dinge ist. Berühmt wurde die ehemalige deutsche Sprachinsel nämlich durch die 1799 gegründete *Hückelsche Hutfabrik.* Im 19. Jh. stammte nicht nur so gut wie jede mährische »Baskenmütze« aus deren Fertigungshalle, sondern auch englische Melonen und amerikanische Zylinder.

SEHENSWERTES

Kostel Nanebezvetí P. Marie
Die barockisierte Kirche Mariä Himmelfahrt besitzt einen eleganten Renaissanceturm mit Arkadenumgang unter der Zwiebelhaube.

Masarykovo náměstí
★ Der quadratische Marktplatz ist eine schöne Variante mährischer

Renaissancestadtplanung mit umlaufenden *Lauben,* einem repräsentativen *Rathaus* und dem Gebäude der alten *Post.*

Žerotínsky zámek
Das ausgedehnte weiße Renaissanceschloss birgt faszinierende Stuckarbeiten und Fresken. Die Grundfarbe, das strahlende Weiß, wird auch im Inneren beibehalten.

MUSEUM

Insider Tipp **Okresní vlastivědné muzeum**
Eine kleine Kulturgeschichte der Kopfbedeckung erzählt das Hutmachereimuseum im Schloss. *Di–So 9–16 Uhr, Žerotínsky zámek*

ESSEN & TRINKEN

Národní dům
Wildspezialitäten und das Bier Novojičínsky Baron aus eigener Privatbrauerei (Besichtigung möglich). *Knemocnici 9, Tel. 0656/208 44,* €€

ÜBERNACHTEN

Praha
Stilvolles Haus mit Restaurant und Bar. *25 Zi., Lidická 6, Tel. 0656/70 12 29,* €€

AUSKUNFT

Městské informační středisko
Zámek, Tel./Fax 0656/71 18 88

ZIELE IN DER UMGEBUNG

Frenštát pod Radhoštěm **[125 D3]**
Frankstadt (1100 Ew.) eignet sich als Basislager für Sommer- wie Winterurlauber. Auf dem Gipfel des Bergs *Radegast* steht eine Statue des gleichnamigen heidnischen Gottes. Unterkunft: *Hotel Ráztoka (55 Zi., Trojanovice 364, Tel. 0656/83 58 69, Fax 83 59 52, hotel-raztoka@mail.cz* €€–€€€*). 20 km südöstlich*

Fulnek **[124 C2]**
Der altertümliche Ort (8000 Ew.) liegt im Kuhländchen. Sein stattliches *Renaissanceschloss* ist leider nur von außen zu bewundern. In der *Kirche der böhmischen Brüdergemeinde* erinnert eine Gedenkstätte *(Památník Jana Komenského, Sborová 1)* an den Pädagogen und Prediger Johann Amos Comenius (1592 bis 1670), der hier von 1618 bis 1621 predigte. *15 km nordwestlich*

Hukvaldy **[125 D3]**
Das kleine Hochwald (2000 Ew.) brachte eine Berühmtheit hervor: den Komponisten Leoš Janáček (1854–1928). Sein Geburtshaus ist zu besichtigen *(Mai–Sept. tgl. 9 bis 16, April, Okt. Di–Fr 9–16 Uhr).* Jeden Mai finden *Janáček-Musikfestspiele* statt. Interessant ist auch die Burgruine. *15 km nordöstlich*

Kopřivnice **[125 D3]**
Nesselsdorf (24 000 Ew.) lockt mit dem *Technické muzeum (Di–So 9 bis 17 Uhr, Janáčkovy sady),* in dem die Geschichte des KFZ-Baus dargestellt wird, besonders die der ortsansässigen Tatra-Werke. *15 km östlich*

Rožnov pod Radhoštěm **[125 D3–4]**
In dem walachischen Städtchen (17 000 Ew.) befindet sich das ★ *Walachische Freilichtmuseum (Valašské muzeum v Přírodě).* Es besteht aus drei Abschnitten: *Hölzer-*

nes Städtchen, Mühlental mit Schmiede (in Betrieb) und *Walachisches Dorf.* Im August: *Mittelaltermarkt* im Dorf mit Tanz und Musik. In der original hergerichteten Dorfgaststätte gibt es Leckereien nach traditionellen Rezepten. Auskunft: *Informační centrum, Palokého 484, Tel. 0651/65 51 96, Fax 571 95, www.pcentrum.cz/region-valassko. 32 km südöstlich*

Štramberk **[124 C3]**
Am höchsten Punkt des idyllischen Bergstädtchens Stramberg (4500 Ew.) steht der *Burgturm Trúba.* Eine Spezialität des Orts sind *ušis* (»Ohren«), ein Gebäck, das nach der tatarischen Sitte, den Feinden die Ohren abzuschneiden, benannt wurde. *8 km östlich*

Valašské Meziříčí **[124 C3–4]**
Walachisch Meseritsch (28 000 Ew.) ist Zentrum des Valašsko, der Mährischen Walachei. Sehenswert sind das *Rathaus,* eine ehemalige *Apotheke* mit Rokokofassade und außerhalb das *Schloss* aus dem 16. Jh. mit dem *Walachischen Volkskunstmuseum (April–Sept. Di–So 8–16, Okt. bis März 9–17 Uhr). 15 km südlich*

OLOMOUC (OLMÜTZ)

Karte in der hinteren Umschlagklappe

[123 D–E5] ★ Auf Schritt und Tritt merkt man Olmütz (110 000 Ew.), der Prunkstadt in der fruchtbaren Haná-Ebene, an, dass es sich mit dem Verlust des Titels der mährischen Hauptstadt noch immer nicht abgefunden hat. Diese Würde verlor die stolze Bischofsresidenz an Brünn, nachdem die Schweden 1642 die bis dahin von Gotik und Renaissance geprägte Stadt zerstört hatten. Die Barockstadt, die heute

MARCO POLO Highlights »Nordmähren«

★ **Masarykovo náměstí**
Die prächtigen Fassaden des blendend weißen Marktplatzes in Nový Jičín finanzierten die Bürger mit dem Verkauf von Hüten (Seite 73)

★ **Walachisches Freilichtmuseum**
Traditionelle Küche im walachischen Dorfgasthaus, buntes Markttreiben und ein mittelalterliches Festival (Seite 74)

★ **Gesamtkunstwerk Olomouc**
Wenn Prag nicht wär, fiel die Wahl nicht schwer: Die alte heimliche Hauptstadt Mährens konkurriert mit der Goldenen Stadt (Seite 75)

★ **Neues Rathaus in Ostrau**
Architektur der 30er-Jahre: Der Turm des Neuen Rathauses in Ostrava konterkariert das Image einer Stadt der hohen Schlote (Seite 80)

Barockstadt Olmütz: Gesamtkunstwerk voller Adelspaläste, Kirchen und Klöster

zu bewundern ist, entstand zu Kaiserin Maria Theresias Zeiten. Dabei macht Olmütz keinen musealen Eindruck, sondern hat ein junges, studentisches Flair.

SEHENSWERTES

Chrám sv. Václava

Rund um den auf einem Felsen thronenden *Wenzelsdom* errichteten die Bischöfe ihre Olmützer Kleinseite mit Adelspalästen, Kirchen und Klöstern. Zu dem 100 m hohen Ostturm bekam die Kirche bei der Neogotisierung zwei Westtürme hinzu. Insider Tipp Wertvoller *Domschatz* sowie die *Überreste des alten Přemysliden-Palasts* (um 1150).

Dolní náměstí

Am Niederring besitzt das *Renaissancehaus Nr. 174* die auffälligste Fassade. Ein Dreigestirn aus *Neptunbrunnen, Jupiterbrunnen* und *Mariensäule* beherrscht die Mitte des Platzes. Die schlichte *Kapuzinerkirche* schließt ihn an der Südseite ab.

Horní náměstí

Auf dem Oberring scharen sich charmante *Patrizierhäuser* um das *Alte Rathaus* mit der realsozialistischen Variante einer astronomischen Uhr. Die *Dreifaltigkeitssäule* mit 18 vergoldeten Kupferstatuen ist besonders eindrucksvoll.

Žerotínovo náměstí

Auf dem Platz fallen die klassizistische *Säulenvorhalle* des Dominikanerklosters und die barockisierte *Kirche sv. Michala* mit ihrem prächtigen Kuppeltrio ins Auge.

MUSEEN

Galerie starého umění

Die Galerie alter europäischer Kunst ist im barocken Erzbischöflichen Palais untergebracht. *Di–So 9–17 Uhr, Biskupské náměstí*

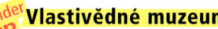

Insider Tipp
Vlastivědné muzeum
Das *Stadt- und Heimatmuseum* im alten Klarissenkloster reicht mit seinen mineralogischen, botanischen, zoologischen und volkskundlichen Sammlungen sowie einer Grafikausstellung ans Prager Nationalmuseum heran. *Mai–Sept. tgl. 9–17, Okt. bis April 9–16 Uhr, náměsti Republiky 5*

ESSEN & TRINKEN

Café Maruška
Im ersten Stock gibts die besten Torten der Stadt, im Parterre einen Schnellimbiss. *28. října*

Cajovna U bilého slonu
Teestube mit fernöstlichem Flair. *Universitná 10*

U Anděla
Rustikale Einrichtung. Hervorragende Küche, große Portionen. Spezialität: Knoblauchsuppe. Reservieren! *Hrnčiřská 10, Tel. 068/522 87 55, €€*

ÜBERNACHTEN

Národní Dům
Etwas verblichene Hotelpracht mit Charme: ein Fall für Nostalgiker. Preiswert. *60 Zi., 8. května 21, Tel. 068/522 48 06, €*

U Dómu
Kleines Haus am Dom. Sechs Zimmer mit Miniküche. *Dómská 4, Tel. 068/522 05 02, Fax 522 05 01, €€*

AM ABEND

Jazz Tibet Club Insider Tipp
Sympathische Kneipe im alten Salzkontor. Livekonzerte. *Tgl. 14–2 Uhr, Sokolská 48*

Kamenny šenk
Wein- und Bierkneipe im gotischen Keller mit guter Musik. *Tgl. 17–24 Uhr, Žerotinovo náměsti 13*

AUSKUNFT

Infocentrum
Horní náměsti 1, Tel. 068/551 33 85, Fax 552 08 43

ZIELE IN DER UMGEBUNG

Bouzov **[122 C5]** Insider Tipp
Burg Bouzov mit Zugbrücke und 18 (!) Türmen ist Pflicht. Reiche Ausstattung und Umbau im Stil der romantischen Gotik durch die

Eine Burg wie im Bilderbuch: Bouzov mit Zugbrücke und 18 Türmen

Deutschritter. *April, Okt. Sa, So 9–16, Mai–Sept. Di–So 8–17 Uhr. 35 km nordwestlich*

Helfštýn **[123 F6]**
Einen ganzen Hügel besetzt die Ruine Helfenstein. Treffen von Kunstschmieden verwandeln das Areal in ein Mekka mittelalterlichen Handwerks. *April–Okt. Di–So 9–17, März, Nov. Sa, So 9–15 Uhr. 25 km östlich*

Litovel **[123 D5]**
Der kleine *Marktplatz* mit historischen Hanakerhäusern, den typischen Bauernhäusern der Hanna-Ebene, prägt die beschauliche Atmosphäre von Littau (10 000 Ew.). Das *Stadtmuseum (Di–So 9–16 Uhr)* lohnt einen Abstecher. *22 km nordwestlich*

Náměsť na Hané **[123 D5]**
Das spätbarocke Schloss Namischt ist wegen der einzigartigen *Sammlung historischer Kutschen (Mai bis Sept. Di–So 9–17 Uhr oder nach Anmeldung unter Tel. 068/595 21 84)* der Bischöfe von Olmütz ein beliebtes Ausflugsziel. Jeden Herbst findet hier das traditionelle *Hanakische Erntefest* statt. *18 km westlich*

Šternberk **[123 E5]**
Sternberg (14 500 Ew.) besitzt eine geschlossene historische Altstadt und ein beeindruckendes Burgschloss mit liebevoll ausgestattem Insider Tipp *Uhrenmuseum* in der Vorburg *(April bis Okt. Di–So 9–17, Nov.–März 9 bis 16 Uhr). 16 km nördlich*

OPAVA (TROPPAU)

[123 F3–4] Das Stadtbild Troppaus (63 000 Ew.), der alten Residenzstadt im österreichischen Kronland Schlesien, ist arg zernarbt. Die Nazis erklärten die Stadt im April 1945 zur Festung und verwandelten sie in einen Todeskessel für deutsche und russische Soldaten. Noch in den letzten Kriegswochen wurden an die 5000 Gebäude zerstört. Einzelne erhaltene Bauwerke lassen jedoch den einstigen Wohlstand erahnen. Architektonische Lösungen aus den 20er- und 30er-Jahren dokumentieren, dass sich die Erste Republik städtebaulich auf der Höhe der Zeit befand.

SEHENSWERTES

Horní náměstí
Am Oberring erregt der 72 m hohe *Stadtturm* des Alten Rathauses, *Hláska* genannt, Aufsehen: Auf quadratischem Grundriss wächst er sich nach oben zu einem Achteck aus, verjüngt sich dann in drei Kuppeln und endet schließlich in einer feinen Nadel. Die meisten Bürgerhäuser am Platz fielen den Zerstörungen des Zweiten Weltkriegs zum Opfer. Übrig blieben das *Stadttheater* von Anfang des 20. Jhs. und die *Propsteikirche Mariä Himmelfahrt*, ein typisches Beispiel norddeutscher Backsteingotik. Ein Turm des kraftvollen Baus trägt einen barocken Helm.

Masarykova třída
In der Masaryk-Straße stehen die schönsten Stadtpaläste: das barocke *Blücher-Palais (Nr. 35)*, das *Sobek-Palais (Nr. 28)* und das klassizistische *Skrbensky-Palais*. Die gotische *Hl.-Geist-Kirche* des Minoritenklosters wurde barockisiert.

Náměstí Republiky
Ein ausgezeichnetes Beispiel der modernen Architektur der 20er- und

30er-Jahre in Tschechien ist das frühere *Kaufhaus Prior* (jetzt Brěda).

MUSEUM

Slezské zemské muzeum

Das *Schlesische Museum (Di–Sa 9 bis 12 und 13–16, So 9–12 und 14 bis 16 Uhr, Sady u muzea 1)* am Stadtpark besitzt reiche kunstgewerbliche, historische und naturkundliche Sammlungen sowie Exponate zum schlesischen Brauchtum. Angegliedert sind das *Arboretum (Nový Dvůr u Opavy, tgl. 8–16 Uhr)* und die *Gedenkstätte für tschechoslowakische Freiheitskämpfer (Hrabyně, April bis Nov. Di–So 8.30–16.30 Uhr).*

ESSEN & TRINKEN

Gril Bar

Spezialität: Fisch und Meeresfrüchte. Reiche Auswahl an mährischen Weinen, Prazdroj- und Purkmistr-Bier. *Masarykova 19, Tel. 0653/ 21 46 26, €€*

ÜBERNACHTEN

Hokejcentrum

Am östlichen Stadtrand in der Nähe des Eisstadions gelegen. Restaurant mit Weinstube und Café. *30 Zi., Zámecký okruh 8, Tel. 0653/ 62 42 44, €*

AUSKUNFT

Informační centrum

Rybi trh 8, Tel./Fax 0653/62 26 51, infocentrum.opava@com.cz

ZIELE IN DER UMGEBUNG

Bruntál [123 E3]

In Freudental (18 000 Ew.) besaß der Deutschritterorden das ehemalige Hochmeisterschloss beim Hauptplatz, eine barockisierte Renaissanceanlage. Im *Museum (Mai bis Sept. Di–So 9–17, April, Okt. 9 bis 16 Uhr)* sind Gemälde alter Meister, Tapisserien und Oldtimer zu sehen. *38 km westlich*

Jeseník [123 D2]

Von Freiwaldau (14 000 Ew.) aus lassen sich hervorragend Touren ins *Altvatergebirge (Hrubý Jeseník)*, unternehmen. Das Naturschutzgebiet mit zahlreichen romantischen Tälern und Wasserfällen erstreckt sich über 40 km Länge, der höchste Gipfel misst 1491 m. *62 km nordwestlich* Insider Tipp

Krnov [123 E–F3]

In Jagerndorf (26 000 Ew.) können Sie Ihr Lager im ehemaligen Mino-

Die MARCO POLO Bitte

Marco Polo war der erste Weltreisende. Er reiste in friedlicher Absicht, verband Ost und West. Er wollte die Welt entdecken, fremde Kulturen kennen lernen, nicht zerstören. Könnte er heute für uns Reisende nicht Vorbild sein? Aufgeschlossen und friedlich sollte unsere Haltung auf Reisen sein. Dazu gehören auch Respekt vor Mensch und Tier und die Bewahrung der Umwelt.

WWF

Ty vole

Wie man tschechisch-gelassen schimpft

Der kleinste gemeinsame Nenner derer, die auf tschechischem Boden zusammengewürfelt wurden, lässt sich in dem Satz »Ty vole!« bündeln. Das bedeutet »Du Ochse!«, kann auf das Gegenüber oder sich selbst gemünzt sein, eine Tollpatschigkeit liebevoll beschreiben oder einem unverschämten Verkehrssünder verärgert hinterhergerufen werden. Im Kern ist es eine mit feiner Selbstironie versehene Aufforderung zur Gelassenheit.

ritenkloster aus dem 14. Jh. aufschlagen *(Hotel Pepa, 20 Zi., Zámecké náměsti 7, Tel. 0652/ 71 10 05, Fax 71 07 16, €€€).* Vom *Burgberg* mit der barocken *Wallfahrtskirche* eröffnet sich ein schöner Blick auf das Altvatergebirge. In der Nähe die markante Silhouette der *Burgruine Schellenburg. 24 km nordwestlich*

Velké Losiny **[123 D3]**
In Groß-Ullersdorf (2000 Ew.) wird seit dem 16. Jh. Papier produziert. Dokumentiert ist dies im *Papiermuseum* in der alten Manufaktur, die noch handgeschöpftes Bütten herstellt. Daneben lädt das *Renaissanceschloss* der Liechtensteiner mit seinem schönen Arkadenhof zum Besuch ein. *93 km westlich*

OSTRAVA (OSTRAU)

[125 D2] Das nordmährische Kohlerevier um Ostrau (330 000 Ew.) ist ein moderner Kontrapunkt zum Goldenen Prag, eine schwarze Stadt mit überraschend glanzvollem Kern. Die vielen mittlerweile stillgelegten Gruben in den Vororten des Städtekonglomerats verleihen ihm ein bizarres Aussehen. Besucher, die sich für die Technik des frühen 20. Jhs. begeistern können oder eine Schwäche für melancholische Industrielandschaften hegen, sind hier richtig. 1993 wurde der letzte Förderturm stillgelegt. Wer sich durch die vielen Trabantenstädte bis ins Zentrum vorgekämpft hat, ist erstaunt: So viel Eleganz hätte man diesem städtischen Industriedenkmal nicht zugetraut. Die Fußgängerzone führt durch einen mehr als passabel erhaltenen Altstadtkern mit repräsentativen Stadtpalästen und stilvollen Kaffeehäusern.

SEHENSWERTES

Komenského sady
Für eine Bergbaustadt ungewöhnlich viel Grün bietet der ausgedehnte *Komeniuspark* am Ufer der Ostravice.

Masarykovo náměstí
Städtischer Mittelpunkt ist der Masaryk-Platz mit dem *Alten Rathaus* und zahlreichen großbürgerlichen Gründerzeitbauten.

Prokešovo náměstí
Am Prokeš-Platz steht das ★ *Neue Rathaus.* Der wuchtige Flügelbau aus

den 30er-Jahren, dessen 85 m hoher Turm – ein passendes Wahrzeichen für die Stadt der Schlote – die erkalteten »Kollegen« in der Vorstadt stolz überragt, repräsentiert die eindrucksvollste architektonische Epoche Ostravas: die klassische Moderne.

Technická Univerzíta
Die Technische Universität mit Bergbauakademie sei als ein Beispiel für viele schwungvolle Beton-Glas-Bauten der Moderne genannt.

MUSEEN

Hornické muzeum
Das Bergbaumuseum im Stadtteil Petřovice zeigt die Entwicklung des Reviers Ostrava Karviná vom ersten Stollen im 19. Jh. bis zu moderner Bergbautechnik. Grubenfahrt. *Di–So 9–16 Uhr, Koksární*

Insider Tipp

Ostravské muzeum
Am Masaryk-Platz beherbergt das *Alte Rathaus* mit seinen zwei barocken Türmen ein *Stadtmuseum* zur industriellen Entwicklung der Region. *Di–So 9–12 und 13–17 Uhr*

ESSEN & TRINKEN

Palác Elektra
Café und Restaurant im edlen Wiener Kaffeehausstil der 20er-Jahre. Spezialität: Gans für sechs Personen (nur auf Vorbestellung). *Nádraží ulice, Tel. 069/613 21 44,* €€–€€€

Insider Tipp

Panský dvůr
Gemütliches Lokal im Zentrum. Vom Garten Blick auf Altes Rathaus und Erlöserkirche. Spezialität: Schweinshaxe. *Šubrtova 4, Tel. 069/611 39 61,* €€

ÜBERNACHTEN

Imperial
Luxuriöses Haus mit allem Komfort im Zentrum. *130 Zi., Tyršova 6, Tel. 069/611 66 21, Fax 611 20 65, www.imperial.cz,* €€€

Palace
Zentrumsnah, günstig, mit Restaurant. *38 Zi., třida 28. října 59, Tel. 069/615 81 11, Fax 611 16 16,* €€–€€€

AUSKUNFT

Městské informační centrum
Nádražní 7, Tel. 069/612 39 13

ZIELE IN DER UMGEBUNG

Frýdek-Místek **[125 D2]**
Die beiden Ortsteile der Doppelstadt Friedek-Mistek (64 000 Ew.) sind durch den Fluss Ostravice voneinander getrennt. Ihre größten Attraktionen sind das *Barockschloss* mit einem markanten Turm, in dem das *Beskidenmuseum (Muzeum Beskyd, Frýdek, Di–So 9–17 Uhr, Zámecké náměsti 1264)* untergebracht ist, und der arkadengesäumte *Marktplatz* von Místek. *15 km südlich*

Jablunkov **[125 E3]**
Das Städtchen Jablunkau (10 000 Ew.) ist ein guter Ausgangspunkt für Ausflüge ins *Jablunka-Gebirge.* Unweit der Stadt sind Reste einer *Renaissancefeste* zu besichtigen. Über den Gebirgszug verlief der historische Kupferweg aus der Mittelslowakei nach Schlesien. Die Reste eines Karpaten-Urwalds gehören zu den schönsten Naturerlebnissen in Nordmähren. *40 km südöstlich*

Insider Tipp

Mediterraner Charme des Südens

Brünner Zentrismus, mährisches Bauhaus und traditionsbewusste Winzerhochburgen

Was die Tschechen insgesamt als Pragozentrismus geißeln, kennen die Mähren im Kleinen als Brünner Zentrismus. Insbesondere in Nordmähren schielt man mit einer Mischung aus Neid und Bewunderung auf die südmährische Metropole. Als Messestadt ist Brno ein Magnet für Unternehmen, aber auch wichtige staatliche Institutionen wie das Verfassungsgericht konnte man den Pragern abtrotzen. Um Brünn gibt es eine erstaunlich eigenständige mährische Kulturlandschaft zu entdecken. Zu den charakteristischen Landschaften Südmährens gehören die 30 km breite, außerordentlich fruchtbare Hanna-Ebene sowie das südmährische Hügelland zwischen Znojmo und Brünn, dessen sonniges Klima und fette Böden die Weinkultur dieser Gegend zur Blüte brachten.

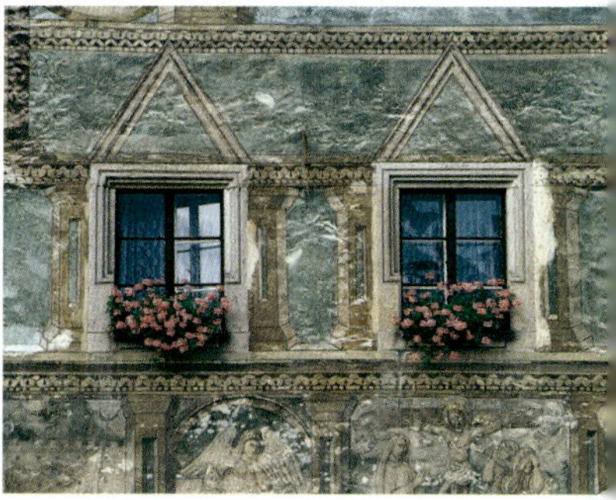

Der Marktplatz in Telč: Lauben, Giebel und farbige Sgraffitifassaden

Brno (Brünn)

Karte in der hinteren Umschlagklappe

[130 C2] Die eindrucksvolle Silhouette von Brünn (400 000 Ew.) lässt Nostalgie pur erwarten. Die mittelalterliche Burg auf dem Spielberg, im 18. Jh. zu einer berüchtigten Festung der Restauration ausgebaut, und der Dom auf dem Petersberg prägen das Stadtbild. Im Stadtinneren ist das »wienerische Brünn« von einst nur noch fragmentarisch erhalten. Glänzende Beispiele wienerischer Substanz sind noch entlang der begrünten Ringstraße um den Altstadtkern herum zu finden. Meisterwerke des modernen Funktionalismus in der Brünner Vorstadt runden das Stadtbild ab.

Ein wahrhaft gesegnetes Ensemble: der Renaissancemarktplatz in Telč

SEHENSWERTES

Chrám sv. Petra a Pavla

Der Dom St. Peter und Paul aus dem 11. Jh. wurde mehrmals um-

Am naměstí Svobody finden Sie das so genannte Haus der vier Karyatiden

gebaut, zuletzt um die Wende zum 20. Jh. erneut regotisiert.

Kapucínské náměstí
In der Kirche des düsteren Kapuzinerklosters liegen die Mumien von reichen Bürgern und mittellosen Ordensleuten in offenen Särgen. *Di–Sa 9–12 und 14–16.30, So 11–11.45 und 14–16.30 Uhr*

Mahenovo divadlo
Die Wiener Architekten Fellner und Helmer errichteten in Brno das erste elektrisch beleuchtete Theater Europas, einen schönen Neorenaissancebau. *Dvořákova 11*

Náměstí Svobody
Auf dem dreieckigen Platz, dem Zentrum des städtischen Lebens, sind nur noch wenige charakteristische Gründerzeithäuser und eine Mariensäule erhalten.

Stará Radnice
Der Turm des Alten Rathauses stammt aus dem 13. Jh., das Portal des Baumeisters Anton Pilgram ist ein Meisterwerk der Spätgotik, die Arkaden wurden in der Renaissance hinzugefügt, im Barock kamen an der Fassade üppige Dekorationen hinzu. Die Wahrzeichen der Stadt, der Lindwurm und das Wagenrad, ziehen im Durchgangsgewölbe die Aufmerksamkeit auf sich.

Zitadelle
Die westlichen Parkanlagen führen auf den Spielberg. Die mittelalterliche Königsburg wurde im 17. und 18. Jh. zu einer Festung umgebaut, schon bald darauf jedoch als das berüchtigtste Staatsgefängnis der Monarchie genutzt. *Di–So 9–17 Uhr*

MUSEEN

Anthropos-Pavillon Insider Tipp
Zahlreiche archäologische Funde aus der Umgebung Brünns sowie Nachbildungen bekannter Höhlenmalereien in Frankreich und Spanien. *Di–So 8.30–17 Uhr, Park Pisárky 9 (beim Messegelände)*

Janáčkovo muzeum
Der Komponist Leoš Janáček (1854 bis 1928) war viele Jahre als Organist und Dirigent in Brünn tätig. Musikliebhaber können sich in der Gedenkstätte über sein Leben informieren. *Mo–Fr 8–12 und 13–16 Uhr, Smetanova 14*

Mendelianum
Der Mönch Johann Gregor Mendel (1822–84) betrieb seine Studien zur Vererbungslehre an Erbsenpflanzen im Garten des Brünner Augustinerklosters. Dokumentation seiner Forschungstätigkeit (Mendelsche Gesetze). *Mo–Fr 8–17 Uhr, Mendlovo náměsti 1*

Moravské zemské muzeum
Das Mährische Landesmuseum im *Dietrichsteinský palác* illustriert Mährens Vorzeit (berühmte, 25 000 Jahre alte Göttinnenstatuette *Venus von Westonitz)* und das Großmährische Reich. *Di–Sa 9–17 Uhr, Zelny trh 8*

Villa Tugendhat
★ Mit diesem Meisterwerk (1930 bis 1932) setzte der letzte Bauhausdirektor Ludwig Mies van der Rohe (1886–1969) seinen Schlusspunkt in Europa, dann emigrierte er auf der Flucht vor den Nazis in die USA. Auch die jüdischen Besitzer des Hauses mussten fliehen. 1992 wurde in der Villa das Abkommen zur Auflösung der ČSFR unterzeichnet. *Mi–So 10–18 Uhr, Führungen zur vollen Stunde, Černopolní 45*

ESSEN & TRINKEN

Café U kapucínu
Wiener Kaffee und Kuchen mit »echten« k. u. k. Obern und Blick auf die Kapuzinergruft. *Kapucinské náměsti*

Činská Restaurace
Edles Interieur und gute chinesische Küche. *Průchodní 1, Tel. 05/ 42 21 09 09,* €€

EINKAUFEN

Antikvariát u Jakubské věže
In dem Antiquariat gibt es neben Büchern auch alte Postkarten und Exlibris. *Rašínova 1*

Bohemia Glass
Kristallglas und geschliffene Gläser. *Veselá 37*

ÜBERNACHTEN

Pegas
Günstiges Haus mitten in der Altstadt. Altes Gemäuer, vor kurzem renoviert. Urige Bierstube und eigene Brauerei. *14 Zi., Jakubská 4, Tel. 05/42 21 01 04, Fax 42 21 12 32,* €€

MARCO POLO Highlights »Südmähren«

★ **Villa Tugendhat**
In Brünn entzündete die Avantgarde um Mies van der Rohe ein architektonisches Feuerwerk (Seite 85)

★ **Schloss Kroměříž**
Hier tagten 1848 die Republikaner aus der ganzen k. u. k. Monarchie (Seite 86)

★ **Judenviertel in Mikulov**
Von der Blüte jüdischer Kultur blieben eine Synagoge und ein großer Friedhof (Seite 88)

★ **Burgkapelle sv. Kateřina**
Der Rest der Přemyslidenburg in Znojmo bietet die so seltene Kombination profaner und sakraler Malerei (Seite 91)

AM ABEND

Café Blau
Blau gestyltes Café mit langer Metalltheke, Spiegelwand und sechs Uhren, die wichtige Weltzeiten anzeigen: New York, Tokio, Brno. *Běhounzká 18*

Irská hospoda Dům U rudého vola
Irisches Bier, viele Whiskeysorten und einige irische Gerichte. Im Sommer Plätze im Innenhof. *Tgl. 11–2 Uhr, Kobližná 2*

AUSKUNFT

Kulturní a informační centrum
Radnická 4–10, Tel. 05/42 21 10 90

ZIELE IN DER UMGEBUNG

Burg Pernštejn [130 B1] Insider Tip
Die große, sehr gut erhaltene Burg galt als uneinnehmbar. In der Renaissance wurde sie um Türme und Erker erweitert. *April, Okt. Sa, So 9–15, Mai–Sept. tgl. 9–17 Uhr, Nedvědice. 35 km nordwestlich*

Kroměříž [131 E1]
★ Das Schloss in der Stadt Kremsier (29 000 Ew.) hatte im Rahmen der bürgerlichen Revolution von 1848 in der k. u. k. Monarchie dieselbe Bedeutung wie die Frankfurter Paulskirche für die deutschen Republikaner. Zuvor diente es als Sommersitz der Olmützer Bischöfe. Miloš Forman nutzte die Barockku-

Burg Pernštejn mit ihren Türmchen und Erkern ist ein beliebtes Ausflugsziel

lisse für seinen Erfolgsfilm »Amadeus«. Im Schloss befindet sich die zweitgrößte tschechische *Gemäldesammlung*. Die Altstadt mit ihrem hübschen Laubenhäuser-Marktplatz und der *Květná zahrada (Blumengarten)* mit Palmenhaus und großem Irrgarten laden zu einem längeren Aufenthalt ein. Hotel: *Bouček (10 Zi., Velké náměsti 108, Tel./Fax 0634/257 77, €€). 55 km nordöstlich*

Slavkov u Brna **[131 D2]**
In Austerlitz (5500 Ew.) dreht sich alles um die Dreikaiserschlacht, in der Napoleon seinen blaublütigen Kollegen Zar Alexander I. und Kaiser Franz I. eine empfindliche Niederlage bescherte. Im *Barockschloss* am Ende des schön hergerichteten Marktplatzes dokumentiert eine umfangreiche Sammlung den Verlauf der Schlacht. *April, Mai, Sept., Okt. Di–So 9–16, Juni–Aug. Di–So 8–17 Uhr. 18 km östlich*

Uherské Hradiště **[131 E2]**
Ungarisch-Hradisch (26 000 Ew.) ist Mittelpunkt des nördlichen Teils der Mährischen Slowakei. Aus dem historischen Ensemble am Marktplatz stechen das spätgotische *Rathaus* und eine *Rokokoapotheke* mit Deckenmalereien heraus. *73 km östlich*

Zlín **[131 F1]**
Von Zlín (87 000 Ew.) aus errichtete Tomáš Bat'a (1876–1932) ein weltweites Schuhimperium. Der Hauptsitz des Konzerns befindet sich heute in Kanada, seit der Wende werden allerdings auch hier wieder Schuhe der Marke Bat'a produziert. Sehenswert sind neben dem *Schuhmuseum* (Insider Tipp) *(April–Okt. Di bis So, Nov.–März Di–Fr 10–12 und 13–17 Uhr)* im Werk Svit die Wohnanlagen für die Arbeiter aus den 20er- und 30er-Jahren, die sich mit den zeitgleich entstandenen Bauhaussiedlungen messen können. Im *Barockschloss* ist das *Muzeum jihovychodní Moravy (Südostmährisches Heimatmuseum, Di–So 9 bis 17 Uhr, Soudní 1)* angesiedelt. Im *Samohyl motor Zlín (třída T. Bati 352)* sind Automobile von 1902 bis heute zu besichtigen. Übernachtungsmöglichkeit: *Hotel Garni, 70 Zi., náměsti T. G. Masaryka 1335, Tel./Fax 067/721 19 41, hotelgarni-recepce@ignet.cz, €€. 75 km östlich*

MIKULOV

[130 C3] »Die Stadt, in der die Häuser singen«, ist eine Metapher des mährischen Dichters Jan Skácel. Wenn man sieht, wie sich Nikolsburg (7500 Ew.) in der milden südmährischen Sonne den Südfuß der Pollauer Berge *(Pavlovské vrchy)* hochrankt und über seine Weinberge wacht, wird man dem wohl nur mit poetischen Mitteln gerecht.

SEHENSWERTES

Fučikovo náměstí
Auf der Sgraffitifassade des *Hauses Zu den Rittern* (Insider Tipp) tummeln sich Musiker mit allen wichtigen Renaissanceinstrumenten und Dudelsack. An seinem unteren Ende hält die fulminante Hochbarockfassade der *Kirche St. Anna* das architektonische Gleichgewicht des Platzes aufrecht. Dazwischen gestreut sind die spitz zulaufende *Dreifaltigkeitssäule* mit expressiven Figuren und ein Springbrunnen mit einer allegorischen Frauenskulptur.

Im südmährischen Weinland: Mikulov

Judenviertel

★ Dass Mikulov die zweitgrößte jüdische Gemeinde in Böhmen und Mähren aufzuweisen hatte, lässt sich vor allem am riesigen alten *jüdischen Friedhof* ersehen. Von den ehemals zwei Synagogen steht in der Husova noch die *Alte* oder *Obere Synagoge* (Barockausstattung, Ausstellungen zum Thema jüdische Kultur). Vor einigen Jahren fand man in einem Keller eine *mikve,* das rituelle Frauenbad der jüdischen Gemeinde.

Svatý kopeček

Weithin sichtbares Wahrzeichen der Stadt ist die *Kirche St. Sebastian* neben dem wuchtigen, frei stehenden *Glockenturm.* Den Aufstieg säumen *16 kleine Kreuzwegkapellen.*

Zámek

Die Burg wurde unter Franz von Dietrichstein, dem mächtigen Fürstbischof Mährens, zu einem fünfeckigen Wohnschloss mit runden Ecktürmen umgebaut. Am 22. April 1945, dem letzten Kriegstag, brannte das Schloss, in dem jahrhundertelang Friedensverträge geschlossen worden waren, aus.

MUSEUM

Regionální muzeum

Im Schloss sind u. a. Geschichte und Alltag des Weinbaus lebendig dargestellt: von der Balkenpresse über Handwerkszeug der Fassbinderzunft bis zu filigran geschnitzten Fassböden. Es gibt auch ein Riesenweinfass von 1643, das sagenhafte 101 100 Liter fasst. *April, Okt. Di–So 9–16, Mai–Sept. Di–So 8–17 Uhr*

ESSEN & TRINKEN

U sv. Urbana

Mährische Küche und selbstverständlich mährischen Wein kann man hier genießen. *Pavlovská 23, Tel. 0625/27 74,* €€

EINKAUFEN

Vino Mikulov

Guten mährischen Wein bekommen Sie in dieser Vinothek. Eingekauft wird natürlich erst nach der Weinprobe. *Ulice 28. října*

ÜBERNACHTEN

Motorest Mikulov

Günstiges Motel 4 km vor Mikulov (Straße nach Brno) mit neuer Ausstattung. Das gut besuchte Restaurant bietet feines Essen. *28 Zi., Kvápence 609, Tel. 0625/51 27 00, Fax 51 27 08,* €

Rohatý Krokodýl

In einer Gasse des ehemaligen jüdischen Ghettos unweit der Synagoge.

Restaurant, Weinstube, Terrasse, Billardsalon. *14 Zi., Husova 8, Tel. 0625/51 06 92, rohaty.krokodyl@worldonline.cz, €–€€*

AUSKUNFT

Informační centrum
Náměsti 32, Tel. 0625/51 22 00 Fax 51 22 02, rtic@adonis.ndc.cz

ZIELE IN DER UMGEBUNG

Dolní Věstonice **[130 C3]**
In Unter-Westonitz hat man die berühmte, 25 000 Jahre alte *Věstonická Venuše (Venus von Westonitz)* gefunden. Andere Steinzeitfunde der ältesten mährischen Siedlung sind im archäologischen Museum zu sehen. *Archeologická expozice, Mai bis Okt. Di–So 8–12 und 13–16 Uhr. 15 km nördlich*

Lednice **[130 C–D3]**
Eisgrub (2100 Ew.) beherbergt ein prachtvolles *Schloss* der Liechtensteiner, das Mitte des 19. Jhs. im Tudorstil umgebaut wurde. Besonders sehenswert sind die prachtvollen Gärten und diverse Gewächshäuser. *April, Okt. Sa, So 9–16, Mai–Sept. Di–So 8–16 Uhr. 50 km südöstlich*

Pavlovské vrchy **[130 C3]**
Rings um Mikulov lockt in den Pollauer Bergen das *Naturschutzgebiet Pálava* zu Spaziergängen in unberührten Auwäldern, in denen Muffelwild äst, dazu Burgruinen auf weißen Kalkbergen, idyllische Seen und viel versprechende Weinberge.

TELČ

[129 E3] Ein guter Zeichner könnte den Bilderbuchort Teltsch (5000 Ew.) mit wenigen Strichen aufs Papier bannen: ein Schloss, die Andeutung einer Stadtmauer mit zwei steinernen Toren und der lang gestreckte Rhombus des Marktplatzes. Dass Filmregisseure gern ihre historischen Filme hier drehen, lässt aufhorchen. Als 1530 eine Feuersbrunst die Holzbauten des Mittelalters vernichtete, verband Zacharias

Schloss Eisgrub im Tudorstil: prächtige Gärten und Gewächshäuser

von Neuhaus den Umbau der gotischen Burg zu einem Renaissanceschloss mit dem großen Wurf eines nach einheitlichem Plan neu konzipierten Marktplatzes.

SEHENSWERTES

Náměstí Zachariáše z Hradce
Der Teltscher Marktplatz ist eine Komposition aus Lauben, aus gestuften, geschweiften, kleeblattförmigen und figuralen Giebeln sowie einer fein aufeinander abgestimmten Farbpalette, unterbrochen von Sgraffitifassaden. Am nordwestlichen Ende die *Burg (Zámek)*.

ESSEN & TRINKEN

Zámecká restaurace a vinárna
Gutes Restaurant mit Weinstube. *Náměsti Zachariáše z Hradce 1, Tel. 066/96 21 12, €€*

ÜBERNACHTEN

Celerín
In einem renovierten Renaissancehaus am Marktplatz, mit Weinstube. *12 Zi., náměsti Zachariáše z Hradce 43, Tel. 066/721 35 80, Fax 721 35 81, celerin@dnd.cz, €€*

AUSKUNFT

Městský úřad
Náměsti Zachariáše z Hradce 10, Tel. 066/724 31 45 Fax 724 35 57, info@telc-etc.cz

ZIELE IN DER UMGEBUNG

Jaroměřice nad Rokytnou **[130 A2]**
Insider Tipp
Im *Barockschloss Jarmeritz* schuf sich der damalige Schlossherr Johann Adam von Questenberg im 18. Jh. eine eigene Welt der Musik. Die kostbare Sammlung von Musikinstrumenten ist ein Glanzlicht der Führung durch 10 m hohe Säle, die *Sala Terrena,* das Theater und die kuppelgekrönte *Margareten-Kirche. Info-Centrum, náměsti Míru, Tel. 0617/44 02 94. 36 km südöstlich*

Jihlava **[129 F2]**
Zentrum der Gustav-Mahler-Stadt Iglau (54 000 Ew.) ist der lang gestreckte *Masaryk-Platz* mit dem türmchenflankierten barockisierten Rathaus. Der Ort war früher die wichtigste Silberbergbaustadt Mitteleuropas. Prachtvoll ist die barocke *Jesuitenkirche. 35 km nordöstlich*

Třebíč **[130 A2]**
Im *Renaissanceschloss* von Trebitsch (37 000 Ew.) bietet das *Westmährische Museum (tgl. 8–12 und 13–17 Uhr, Zámek 1)* u. a. eine Sammlung von Weihnachtskrippen und Pfeifen. Zwei *Synagogen* und ein *jüdischer Friedhof* sind vom früher reichen jüdischen Leben der Stadt geblieben. *30 km östlich*

Žďár nad Sázavou **[122 A6]**
Saar (27 000 Ew.) wartet mit einem 1252 gegründeten *Zisterzienserkloster* auf, das während der Hussitenkriege zerstört wurde, im 18. Jh. aber eine neue Blüte erlebte. Ausstellung zu Leben und Wirken des Architekten Giovanni Santini in Böhmen. *60 km nordöstlich*

ZNOJMO

[130 A3] Znaim (39 000 Ew.) besticht mit blumengeschmückten Laubenhöfen und einem unterirdischen

Gängelabyrinth *(Eingang: Slepiči trh)*. Der Ort ist nach der Wende sichtlich aufgeblüht und besinnt sich auf seine traditionelle wirtschaftliche Stärke: Wein- und Gemüseanbau. Znojmo ist das Landeszentrum für die Herstellung von Gewürzgurken.

SEHENSWERTES

Hrad
Von der Přemyslidenburg blieb nur die ★ *Burgkapelle der hl. Katharina* erhalten, eine romanische Rotunde mit Wandmalereien von europäischem Rang *(Mai–Sept. Di–So 9–17 Uhr)*. Um 1700 wurde der Wohntrakt jenseits einer Steinbrücke zu einem Barockschloss umgebaut.

Masarykovo náměstí
Stattliche Renaissance- und Barockfassaden säumen den Masaryk-Platz. Der 70 m hohe *Rathausturm* mit Galerien und spitzen Turmhelmen ist das markanteste Bauwerk der Stadt.

MUSEUM

Jihomoravské muzeum
Das Südmährische Museum in der Burg zeigt gotische bis barocke Plastik und Stadtansichten. *Di–So 9 bis 17 Uhr, Ulice Přemyslovců*

ESSEN & TRINKEN

U Radnice
Im Rathaus, mährische Spezialitäten. *Zelenářská 11, Tel. 0624/24 11 94, €€–€€€*

ÜBERNACHTEN

Družba
Vernünftiges Preis-Leistungs-Verhältnis. *76 Zi., Pražská 100, Tel. 0624/24 66 81, Fax 24 66 21, prestige@itvv.cz, €*

AUSKUNFT

Informační centrum
Obrokova ulice 10, Tel. 0624/22 25 52

ZIELE IN DER UMGEBUNG

Bítov **[129 F4]**
Burg Vöttau liegt malerisch über der mäandernden Thaya. Im Inneren illusionistische Wandmalereien, eine Waffensammlung und kunsthandwerkliche Exponate. *25 km nordwestlich*

Národní park podyjí **[130 A3]**
Das Naturschutzgebiet animiert zu Wanderungen rund um Znojmo. Am *Thaya-Stausee* Angeln, Baden, Bootfahren, Campen.

Slup **[130 B4]**
Ein technisches Unikat ist die voll funktionsfähige Wassermühle aus der Renaissance in Slup. *Di–So 9 bis 17 Uhr. 14 km südöstlich*

Vranov nad Dyjí **[130 A3]**
Über Frain (1000 Ew.) am Thaya-Stausee thront das Frainer *Barockschloss.* Beeindruckend die Fresken im ovalen Saal des Wohntrakts. *14 km westlich, Schiffsverbindung zwischen Bítov und Vranov*

Znovín Znojmo AG Insider Tipp
Zur Führung durch den romantischen Weinkeller in Šatov gehört eine Weinprobe mit ein paar köstlichen Happen. Kaufgelegenheit. *Moravsý Sklípek v Šatově, tgl. 11.30–22 Uhr, Tel. 0624/23 23 73. 15 km südlich*

Hop, dva, tři: auf in die Natur!

Die Touren sind in der Karte auf dem hinteren Umschlag und im Reiseatlas ab Seite 118 grün markiert

1 NATURPARK ČESKÝ RÁJ: DAS BÖHMISCHE PARADIES

Was den amerikanischen Trekkern der Yellowstone National Park, ist den tschechischen Campern ihr 125 km² kleines Böhmisches Paradies. Das Naturpark-Dreieck zwischen den Städten Mnichovo Hradiště (Münchengrätz), Turnov (Turnau) und Jičšin (Jitschin) gleicht dem Spielplatz eines jungen Gottes, der die Erschaffung der Welt üben durfte. So formte er versuchsweise bizarre Felsenstädte und -labyrinthe, stapfte fröhlich in kleinen Tümpeln herum, überzog die Steinformationen mit dichten Mischwäldern und errichtete an besonders gelungenen Stellen seiner Schöpfung kunstvolle Sandsteinburgen. Zum Schluss überließ er sein Gesellenstück den Nordböhmen, die anders als weiland Adam und Eva ihr Paradies seitdem nicht mehr verlassen haben – sei es in Ermangelung verführerischer Schlangen oder weil sie lieber Schweinebraten als Paradiesäpfel kosten.

Die Siebenmeilenstiefel sollte der Stadtmensch an der Pforte des Jitschiner Berglands abgeben und die heilsame Langsamkeit dieses zeitlosen Stücks heiler Welt gemessenen Schritts erkunden. Das beste Verkehrsmittel sind die eigenen Füße oder ein Fahrrad. Und am besten verzichtet man auf ein beengendes Hotelzimmer und sucht sich auf einem der vielen wildromantischen Campingplätze eine schnuckelige Blockhütte *(chata)* mit eigener Veranda: zum Beispiel am Waldrand 5 km südlich der kleinen Ortschaft Žd'ár. Dann erkundet man an sieben Tagen voller sinnlicher Eindrücke die wichtigsten Stationen entlang der markierten Rad- und Wanderwege.

Lassen Sie es am ersten Tag ruhig angehen. Marschieren Sie vom Campingplatz auf dem rot markierten Weg Richtung *Hrada* in den Wald. Nach einem moderaten Aufstieg wandern Sie auf einer Hochebene an den ersten kleinen Felstürmen vorbei. Etwa 20 Minuten später die erste Herausforderung für alle, die nicht ganz schwindelfrei sind: eine

Lipno-Stausee: Ziel der ersten Etappe auf der Radtour durch die Šumava

steile *Treppe* führt auf die Spitze eines gewaltigen Sandsteinbrockens. Von dort überblicken Sie in aller Ruhe Ihr Urlaubsreich, ehe Sie wieder umkehren.

Am zweiten Tag machen Sie einen Kulturtrip. Auf dem roten Wanderweg Richtung Südosten erreichen Sie nach circa 11 km die *Burg Kost.* Der mittelalterliche Prachtbau mit gotischem Palas beherbergt eine Alchimistenküche. Vielleicht finden Sie, wenn schon nicht den Stein der Weisen, so doch ein Rezept zur Wiedererlangung Ihrer Kräfte.

Am dritten Tag setzen Sie ein paar Kilometer drauf, schlagen den gelben Weg Richtung Žehrov ein, biegen nach circa 6 km auf den blauen Wegnach Vyskeř ab und erreichen nach insgesamt 15 km *Hrubá Skála.* Dort haben Sie die Wahl zwischen dem *Aehrenthalschen Schloss* oder den 220 Sandsteintürmen der *Felsenstadt* westlich des Orts.

Am vierten Tag sind Sie bereits in passabler Form, weshalb Sie auf dem gelben Weg vom Vortag gleich bis *Tachov* weitermarschieren und dort auf den roten Weg nach *Troskovice* einbiegen. 17 km weiter belohnt Sie die *Burgruine Trosky* hoch auf einem schroffen Basaltfelsen mit einem geradezu gigantischen Ausblick.

Am fünften Tag begeben Sie sich wieder unter Menschen, Sie unternehmen einen Ausflug nach *Turnov* auf der kleinen Landstraße von *Zd'ár* über *Všeň* und *Mašov* (etwa 10 km). Der Ort (14 000 Ew.) hat zwar nicht gerade viel zu bieten, aber das *Museum des Böhmischen Paradieses* sollten Sie sich nicht entgehen lassen.

Am sechsten Tag gibt es einen kulturellen Höhepunkt: Über *Olšina, Dneboh* und *Hoškovice* erreichen Sie nach ungefähr 10 km *Mnichovo Hradiště.* Beschäftigen Sie sich dort gar nicht erst mit der vergeblichen Suche nach Sehenswürdigkeiten auf dem Marktplatz, sondern marschieren Sie schnurstracks zum *Wallensteinschen Renaissanceschloss.*

Am siebten Tag gehen Sie es ein bisschen bequemer an und gönnen sich eine Autofahrt nach *Jičín.* In der 17 000-Ew.-Stadt gibt es wieder einen richtigen *Marktplatz mit Laubenhäusern* und ein weiteres *Renaissanceschloss Wallensteins* mit Park. Auf dem Rückweg bietet sich ein Abstecher nach *Prachov* an, wo Sie sich die Beine in der bizarren *Felsenstadt* der Prachower Felsen *(Prachovské skály)* vertreten können. Nach etwa 200 Aufstiegen über 80 Türme und durch zahllose Grotten und Schluchten machen Sie im Zentrum dieser Naturgewalt eine Rast in der *Turistická chata.*

2 DER KARST: REISE IN DAS INNERSTE MÄHRENS

Das unterirdische Gegenstück zum Böhmischen Paradies ist der Moravsky kras, der Mährische Karst. Das 25 km lange und 6 km breite Drahaner Bergland nordöstlich von Brünn ist ein von unterirdischen Flüssen durchzogenes Kalklabyrinth. Vom Wasser ausgehöhlte Kalkschichten stürzten in sich zusammen. Ergebnis sind tief eingeschnittene Cañons, zerklüftete Kalksteinformationen und plötz-

Das Fahrrad ist ideal, wenn Sie die urtümliche Natur wirklich erleben möchten

lich auftauchende Gewässer, die ebenso schnell wieder im Gestein verschwinden. Unter der Erde entstanden regelrechte Tropfsteinpaläste, in denen sich frei stehende Säulen bizarr auftürmen, riesige Steinzapfen von der Decke hängen und sich Kaskaden flüssigen Gesteins glänzend über die Wände ergießen. Auf 100 km² Fläche gibt es mehr als 1000 Höhlen, die meist nur für die Forschung freigegeben sind. Eine Rundfahrt schließt einen Kreis von etwa 30 km ein und ist per Auto oder Fahrrad an einem Tag zu bewältigen. Im Kernbereich stehen zahlreiche Verkehrsmittel zur Verfügung, die die Verbindung zwischen den Höhlen mittels Zügen, Schiffen und Schwebebahnen gewährleisten. Mountainbikes können an vielen Stellen günstig geliehen werden. Ausgangspunkt ist der Parkplatz des Hotels Skalní mlýn in Blansko. Informationen unter *Tel. 0506/41 81 13.* Eintritt in die Höhlen jeweils etwa 30 Kč.

Sie beginnen am nördlichsten Punkt des Mährischen Karsts, etwa 10 km nördlich von *Blansko,* mit der Besichtigung der *Sloupsko-šošůvské-Höhlen.* Planen Sie für die Durchquerung dieses steinernen Irrgartens zwei Stunden ein. Auf einem verzweigten Weg von gut 3 km wechseln sich beklemmend enge Gänge und weite Hallen mit skurril geformten Tropfsteingehängen und -gewächsen ab.

Etwa 5 km südöstlich, kurz unterhalb des Dorfs *Ostrov u Macochy,* liegt der Eingang zur *Jeskyně Balcarka.* Auf zwei Stockwerken wechseln die zarten Tropfsteingebilde der Balcar-Höhle chamäleonartig ihre Farben.

3 km südwestlich erreichen Sie den Aussichtspunkt bei der *Ma-*

cocha-Schlucht. Der Blick fällt in einen 139 m tiefen Graben, aus dem mächtige, schroffe Felswände emporsteigen. Die Schlucht entstand durch den Einsturz eines riesigen unterirdischen Doms. Karstgewässer und tektonische Störungen brachten seine Decke zum Bersten. Der Boden der Schlucht ist noch heute mit den Resten der zerbröckelten Steindecke bedeckt, darunter graben unterirdische Flüsse ihre Betten in den Kalk. Benannt ist der Cañon nach der Legendenfigur Macocha: eine alte Frau, die ihr Stiefkind in die Tiefe gestürzt haben soll. Das Kind blieb an einem Strauch hängen und wurde von den Dorfbewohnern gerettet, die böse Macocha aber zur Strafe selbst in die Schlucht gestoßen.

Insider Tipp

Weitere 3 km südwestlich liegt die *Kateřinská-Höhle.* Eine Sage, nach der sich das Hirtenmädchen Katharina darin verlaufen hat, belegt, dass die Höhle schon seit langer Zeit bekannt ist. Der durch Wassererosion auf einen Raum von 96 × 36 × 20 m ausgewaschene Hauptdom zeigt nur noch wenige Tropfsteinkaskaden. Die einst herunterhängenden Zapfen haben vor langer Zeit die Stalagmiten unter sich begraben. Dafür bietet der Kalksteinsaal eine hervorragende Akustik, die bereits für Klassikeinspielungen genutzt wurde (bei der Führung wird der Gefangenenchor aus Verdis Oper »Nabucco« vom Band gespielt). Danach durchqueren Sie u. a. das *Bambuswäldchen,* Hunderte stabartiger Stalagmiten, die sich zu einem gefälligen Steinforst gruppieren.

Wenige Kilometer nördlich von Blansko liegt der Eingang der *Punkevní-Höhlen.* Gut zwei Stunden dauert die Höhlenforschung, zum Teil per Boot auf der unterirdisch fließenden Punkva. Endstation sind *zwei Seen im Schluchtboden* der vorher bewunderten Macocha-Schlucht.

Nach dieser Expedition empfiehlt sich eine Übernachtung in der schönen alten *Mühle* (1888) am Stadtrand von *Boskovice.* Sie verbindet romantisches Ambiente mit angenehmem Komfort, etwa einem türkischen Bad, und einem Restaurant *(Motel Moravia, Lasákův Mlyn, 27 Zi., Dukelská 77, Tel. 0501/ 45 44 12, Fax 45 35 89, €€).*

3 BÖHMERWALD: HORT DER MÄRCHENSCHLÖSSER

Šumava, die Rauschende, wird der Böhmerwald im Tschechischen genannt. Um dieses akustische Naturereignis zu genießen, machen Sie eine etwa 200 km lange, 5-tägige Radrundreise auf den Spuren alter Adelsfamilien: Natur pur, nur unterbrochen von kulturellen Highlights. Ausgangsort ist Horní Vltavice an der Obermoldau.

Folgen Sie am ersten Tag der Straße Richtung *Zatoň.* Nördlich von *Kaplice* liegt der Parkplatz des *Naturschutzgebiets um den Boubín,* den höchsten Berg (1362 m) im Böhmerwald. Marschieren Sie entlang der grünen Markierung zu einem idyllischen See (Ausgangs- und Endpunkt einer 10 km langen, rund fünfstündigen spiralförmigen Wanderung). Nach dem erholsamen Spaziergang haben Sie noch 30 km vor sich. Fahren Sie zurück bis Zatoň, und folgen Sie der warmen Moldau über *Lenora* bis zum *Lipno-Stausee.* Bei richtigem Timing erstrahlt das künstliche Moldaumeer im Abendrot. Mieten Sie sich für die Nacht eine *chata* (Hütte) an einem der beiden Campingplätze am See in *Horní Planá (S. 51).*

Bevor Sie am nächsten Tag aufbrechen, werfen Sie einen Blick in das kleine *Museum Adalbert Stifters,* das Kindheit und Jugend des Dichters dokumentiert. Danach radeln Sie auf der idyllischen Seestraße über *Frymburk* 32 km bis zum Kloster *Vyšší Brod (S. 52).* In zwei Stunden können Sie die gotische Hallenkirche und eine bedeutende Bibliothek besichtigen. Weiter geht es Richtung Český Krumlov, Sie machen aber nach 8 km einen Abstecher zur romantischen *Burg Rožmberk (S. 51).* Die Führung durch die erhaltene Untere Burg dauert etwa 45 Minuten. 22 km weiter erreichen Sie das Kulturidyll *Český Krumlov (S. 49)* mit seinem lebendigen Nachtleben.

Wer mit dem Rad durch die Šumava gestrampelt ist, dem schmeckt das Bier in Budweis gleich doppelt so gut

Auf der Fahrt Richtung Budweis streifen Sie nach 8 km das *Zisterzienserkloster Zlatá Koruna (S. 52).* 14 km später halten Sie im großzügigen *České Budějovice (S. 47)* Einzug. In der berühmten *Bierhalle Másné krámy* schmecken Schweinebraten und ein kühles Budweiser. So gestärkt, setzen Sie die Fahrt Richtung Písek fort und machen nach 12 km beim Märchenschloss *Hluboká (S. 49)* Halt *(Besichtigung: 1 Stunde).* 8 km weiter nehmen Sie die linke Abzweigung zum 5 km entfernten *Netolice* mit Campingplatz und lustiger Jugendkneipe.

Der neue Tag bringt einen Ausflug zum 2 km entfernten *Wasserschloss Kratochvíle (S. 56)* mit der wohl originellsten Ausstellung Tschechiens im *Museum des tschechischen Trickfilms.* Nach einigen Steigungen rollen Sie ins 15 km entfernte *Prachatice (S. 55)* mit seinem historischen Stadtkern hinunter. In Richtung *Volary* machen Sie nach etwa fünf Bergkilometern eine kleine Wanderung zum *Aussichtsturm auf dem Libín (S. 57):* Eine tolle Aussicht über den Böhmerwald und eine urige Berghütte mit Übernachtungsmöglichkeit sind aller Mühen Lohn.

Am fünften Tag geht es fast nur noch bergab. Über Volary kehren Sie ins Moldautal und nach 22 Tageskilometern nach Horní Vltavice zurück.

Der Kick nicht nur beim Trendsport

Erholung und Adrenalinschub auf böhmischen Pisten

Neben den tschechischen Klassikern Fußball, Eishockey, Tennis und Skifahren verbreiten sich unter den Amateuren zunehmend neuere Sportarten. Ins Adler-, Altvater- und Riesengebirge fährt man nicht mehr nur zum Abfahrtslauf, sondern auch zum Snowboarding. Auf öffentlichen Sportplätzen wie dem Letna-Feld in Prag treffen sich wochenends junge Leute zum Baseball oder American Football, wie überhaupt der American Way of Sports schick ist. Unter Individualisten sind Freeclimbing (beste Bedingungen gibt es im Elbsandsteingebirge und dem Böhmischen Karst) und alle Varianten des Radsports gefragt, und in den vielen Parks und Grünanlagen des Landes können Sie wunderbar joggen. Das Laufhighlight des Jahres ist der Prager Internationale Marathon *(www.pim.cz)* im Mai. Und wer es sich leisten kann, tritt einem der Golfclubs bei, von denen es in Mittel- und Westböhmen (Karlsbad) genügend gibt.

Tschechien-Reisenden mit Interesse an Sportkonsum sei ein Besuch im Stadion oder auf der internationalen Motorrad-Rennstrecke Masaryk-Ring in Brünn empfohlen. Zu sehr günstigen Eintrittspreisen (Fußball-Erstligaspiel in Prag ca. 3 Euro) Insider Tipp bekommt man gute Leistungen zu sehen und dazu jede Menge Lokalkolorit.

Im Hochsommer herrscht hier fast Staugefahr: Paddler auf der Moldau

BERGSTEIGEN, KLETTERN & WANDERN

Interessante Kletterpartien sind in allen Gebirgszügen entlang der Grenzen – vom Adlergebirge in Ostböhmen über die Beskiden und Karpaten an der slowakischen Grenze bis zum Riesengebirge – möglich. Das Erzgebirge ist das höchste Gebirge im Osten Deutschlands. Nach Süden fällt es wie eine Mauer steil ab: eine natürliche Kletterwand für Fortgeschrittene.

Für angehende Klettermaxen und Freeclimber bietet *Karel Plechař (Lužická 2606/26, 40011 Ústí nad Labem, Tel./Fax 047/277 36 39)* bis zu einwöchige Kursen in den nordböhmischen Mittelgebirgszügen samt theoretischem Drumherum an. Organisierte Wanderungen im Böhmerwald gekoppelt mit einem kulturellen Erlebnisprogramm bietet das ausgezeichnete Alternativreisekonzept von Dr. Erwin Aschenbrenner an. Infos unter *www.boehmen-reisen.de.*

EXTREMSPORTARTEN

Wer den besonderen Kick sucht, sollte mit den Veranstaltern von »Adrenalincup« Verbindung aufnehmen, die alljährlich im Sommer einen Kombi-Wettbewerb der Extremsportarten im Riesengebirge anbieten. Programm: Paragliding, Rafting, Orientierungslauf, Mountainbiking u.a. *Info: www.adrenalincup.cz*

GOLF

Auch in Tschechien entdecken immer mehr Menschen diesen Sport, und dementsprechend ist das Angebot seit Mitte der 90er-Jahre gestiegen. Sehr attraktiv ist der Platz unterhalb der Burg Karlstein bei Prag, den man allerdings rechtzeitig buchen sollte. Über diese und andere Locations informiert die Website *www.golf.cz.* Nobel lässt es sich im Marienbader *Palace Hotel (Hlavní 67, Tel. 0165/62 22 22, Fax 62 42 62, reservation@palace.kv.cz)* mit Wellnessbereich golfen.

PFERDESPORT

Nicht jedermanns Sache ist das »Große Pardubicer Steeplechase«, das schwierigste Pferde-Hindernisrennen auf dem Kontinent – für Tierschützer eine Quälerei. Dennoch ist Ostböhmen die Region der Pferdenarren. In der Nähe von Hradec Králové (Königgrätz) befindet sich ein Must für Pferde- und Westernfans: Der Insider Tipp Gutshof *Nová amerika* mit der größten Reithalle Ostmitteleuropas (84 x 30 m) wurde liebevoll und mit großem Aufwand restauriert. Reitern, vom Anfänger bis zum Profi, stehen weitläufige Koppeln und das herrliche, leicht hügelige Hinterland für wilde Ritte zur Verfügung. *Tel. 0437/69 43 20, Fax 69 41 09, www.friedreich.com*

RADFAHREN & MOUNTAINBIKING

Das Straßennetz ist gut ausgebaut, und selbst kleinste Nebenstrecken sind meist asphaltiert und gut befahrbar. Die Straßen in den Naturparks sind für den Autoverkehr gesperrt und damit ideale Radlerstrecken, ebenso frei zugängliche Wanderwege. Insbesondere im Böhmerwald, im Iser- und Riesengebirge gibt es reizvolle Mountainbike-Strecken mit Steigungen zwischen 7 und 12 Prozent. Der tschechische Tourismusverein hat begonnen, ein aus 85 Teilstrecken bestehendes nationales Radfernwegenetz auszuschildern. Die gelben Schilder zeigen neben dem Fahrradpiktogramm einen Richtungspfeil und eine Streckennummer. Die Routen sind in der kostenlosen Broschüre »Rad fahren in grenzenloser Weite« *(www.cccr-tourinfo.cz)* beschrieben. Nordböhmen bietet mit seinen Mittelgebirgszügen und der relativ dünnen Besiedlung ideale Bedingungen für MB-Fahrer. Mountainbiking in Karlsbad: *LKM Mattoni Karlovy Vary, Infos: Jan Novák, Dr. Bechera 18, 36001 Karlovy Vary, Tel. 0164/81 50 00, Fax 81 50 01*

RUDERN & PADDELN

Bei Wassersportlern in Tschechien sind neben der oberen Moldau die Flüsse Luznice, Sazava, Morava und Berounka besonders beliebt. Wer das Land vom Wasser aus erfahren und außerdem Leute kennen lernen will, kann eine geführte Bootswanderung buchen, beispielsweise eine Zweitagestour an der oberen Moldau und ihrem Nebenfluss Otava (Preis ca. 20 Euro pro Person). *Infos: www.reky.cz*

Viele Paddler sind auf der Suche nach leichten Wanderflüssen, die auch im Sommer mit Kanu und Gepäck befahrbar sind. Eine der meistbefahrenen Flussstrecken Europas, die Moldau, findet man zwischen Vyšši Brod (Hohenfurt) und Budweis. Die 70 km lange Strecke wird im Hochsommer von Tausenden Booten befahren. Zahllose Zeltplätze ermöglichen einen gemütlichen Fünf-Tage-Trip inklusive Besichtigung der berühmten Moldaustädte Rozmberg, Krumlov und Česke Budějovice. Der Lipno-Stausee sorgt auch im Sommer für ausreichend Wasser, Kanuverleiher gibt es genügend. Eine gute Website für Kanufahrer: *Krumlov* und *www.raft.cz/english/cechy/vltava.asp*

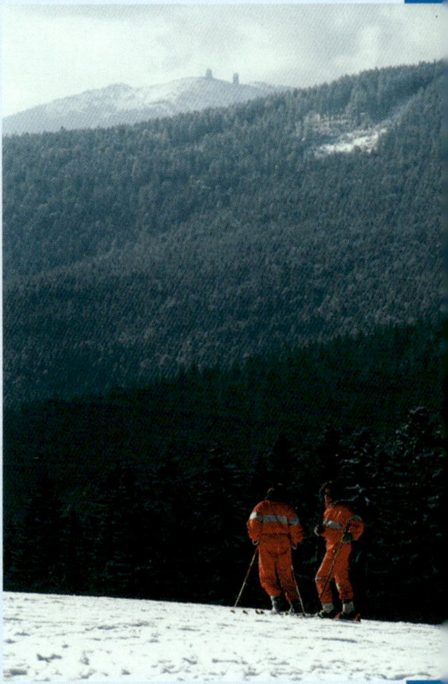

Noch fast ein Geheimtipp sind die zahlreichen Skigebiete in den tschechischen Mittelgebirgen

SKIFAHREN & SNOWBOARDEN

Gute Pisten gibt es in allen tschechischen Mittelgebirgszügen: Adlergebirge (Ostböhmen, Zentrum Deštné), Böhmerwald (Südböhmen, Zentrum Železná Ruda), Erzgebirge (Nordwestböhmen, Zentrum Klínovec), Isergebirge (Nordböhmen, Zentren Liberec, Bedřichov, Špičák, Severák), Riesengebirge (Nordostböhmen, Zentren Špindlerův Mlýn, Harrachov, Pec pod Sněžkou, Rokytnice nad Jizerou, Janské Lázně, Vrchlabí). Genauere Infos unter *www.snowpage.de/sp/resorts/tschechien.htm.* Für Snowboarder und Après-Ski-Fans seien besonders die Skigebiete in Harrachov mit schönen Powderruns, Špindlerův Mlýn mit Funpark, Backcountry, Halfpipe und Freeride, Pec mit Funpark und Backcountry, Janské Lázně mit schönen Waldabfahrten, Železná Ruda mit Funpark sowie Deštné/Szklarska Poręba an der polnischen Grenze mit Backcountry, Freeride und Offpist empfohlen. Eine gute Übersicht über die Qualität der Pisten findet man unter *www.holidayinfo.cz.*

Wer abseits der großen Skizentren dem weißen Sport frönen möchte, der ist in den nordmährischen Beskiden gut aufgehoben. Bei dem ausgesprochen schneesicheren Gebiet kann man bis in den April Ski (lang)laufen.

OFFICIAL SAFETY LENS

Zeitreise in die gute alte Zeit

Marionetten und Weihnachtskrippen, Ritterburgen, Kutsch- und Dampfzugfahrten – nostalgische Kindheitsträume auch schon der Elterngeneration

In puncto Kinderfreundlichkeit nimmt Tschechien eine europäische Durchschnittsrolle ein. Allerdings hat sich die Tourismusbranche bisher kaum auf die Zielgruppe »junge Familie mit Kindern« eingestellt, speziell auf Reisende mit Kindern zugeschnittene Angebote sind deshalb Mangelware.

Eine Ausnahme ist das European Center for Eco Agro Tourism *(www.eceat.cz)*, eine seit Mitte der 90er-Jahre auch in Tschechien arbeitende Organisation, die tschechische Landwirte, vor allem Ökobauern, dabei unterstützt, in der Wachstumsbranche Tourismus ein Standbein zu finden und damit die eher mageren Einnahmen aus der Produktion aufzubessern.

Auf der Website *www.prazdninynavenkove.cz* (»Ferienaufdemland«) finden Interessenten ein nach Regionen gegliedertes Verzeichnis von einigen Hundert Höfen, Landhotels und Campingplätzen. Neben den Klassikern der Bauernhofferien – im Stall und auf dem Feld mithelfen, Kontakt mit Tieren, reiten und Kutsche fahren, Rad fahren, gesund essen, Ausflüge in die Umgebung – bieten einige Höfe auch Extras wie Tennis, Badminton und Sauna an.

Mit überkandidelten Spaßbädern kann Tschechien nicht aufwarten – aber mit einer Vielzahl romantischer Teiche und kleiner Dorfweiher

MITTELBÖHMEN

Mühle Brzina **[128 B1]**
Keine schlechte Wahl für einen Familienurlaub ist dieser Standort in der Nähe der pulsierenden Hauptstadt Prag. Die ehemalige Dorfmühle Brzina liegt an einem Badeteich und mitten in einer schönen Waldlandschaft. Den Urlaub auf dem Land können Sie hier kombinieren mit Ausflügen in die Stadt, wo die Kids sicher Spaß haben im Wachsfigurenkabinett am Graben oder im Spiegelkabinett auf dem Petřín. Baden, Touristik und Radfahren. Einen Rad- und Sportgerätverleih finden Sie direkt am Ort. Im Winter herrschen meist gute Bedingungen für Langläufer, und (nicht nur) die Kinder genießen das Schlittschuhlaufen auf dem Teich. *Kunclův mlýn, Vladimír Kuncl, Brzina 7, 26256 Svatý Ján u Sedlčan, Tel. 0304/86 20 10, Fax 86 23 25, obecsvatyjan@iol.cz*

Zoologischer Garten in Prag **[120 B5]**

Das ist ausgleichende Gerechtigkeit: Nach all den erwachsenen Strapazen bei Mamas und Papas Kulturtrips gehts jetzt in den Zoo: Das macht nicht nur tierisch Spaß, es ist auch noch spottbillig. Der Zoo ist das ganze Jahr über täglich ab 9 Uhr geöffnet. *Zoologická zahrada v Praze, U Trojského zámku 3/120, März bis 17, April, Mai, Sept., Okt. bis 18, Juni–Aug. bis 19 Uhr, Nov. bis Feb. bis 16 Uhr, 45 Kronen, Kinder 20 Kronen*

SÜDBÖHMEN

Busil **[127 E4]**

Das kleine Dorf mit einer Familienfarm aus dem 14. Jh. liegt mitten im rauschenden Böhmerwald. Die Betreiber züchten hier auf 75 ha Rinder und Pferde. Geeignet für Liebhaber intakter Natur, die auf Nachtleben verzichten können. Vegetarier können sich auf die fleischlosen Spezialitäten aus der Šumava-Küche freuen. Kontakt: *Ing. Pavel Mourek, Kochánov II 22, 34181 Busil u Hartmanic, Tel. 0602/33 16 19*

Insider Tipp **Dampfeisenbahnfahrt** **[129 D 2–4]**

Mit einer Fahrt mit der Schmalspureisenbahn *JHMD (Jindřichohradecké místní dráhy)* können Sie einen Kindertraum erfüllen. Für die gut 30 km von *Jindřichův Hradec* nach *Nová Bystřice* oder die rund 50 km nach *Obrataň* haben Sie die Wahl zwischen einer Dampflok vom Anfang des 20. Jhs. oder einem Triebwagen aus den 50er-Jahren. Mit Speisewagen geht es durch die südböhmische Wald- und Teichlandschaft. *Juli–Sept., Nádražní 203/II, 56 Kronen, Kinder 28 Kronen*

OSTBÖHMEN

Marionettenmuseum Chrudim **[121 F5]**

Faszinierend für große und kleine Kinder: das zauberhafte Spiel mit den Marionetten. Im Chrudimer Museum können die Kids nicht nur eine große Sammlung internationaler Figuren begutachten, sie dürfen die Puppen sogar selber tanzen lassen. *März und Okt. Mo–Fr 9–17, Sa, So 13–17 Uhr, April, Mai, Sept. tgl. 9–17 Uhr, Juli, Aug. tgl. 9–18 Uhr, letzte Führung eine Stunde vor Schluss, Břetislalova 74, 30 Kronen, Kinder 15 Kronen*

Krippenmuseum in Třebechovice pod Orebem **[122 A3]**

Das *Třebechovické muzeum betlémů* zeigt eine Sammlung von Weihnachtskrippen. Berühmt ist die *mechanische Weihnachtskrippe* der Volkskünstler Josef Probošt und Josef Kapucián. Sie besteht aus mehr als 2000 geschnitzten Einzelteilen. *Mai bis Sept. Di–So 8–12 und 13–17 Uhr, Okt.–April Di–So 9–12 und 13–15 Uhr, Masarykovo náměsti 24, 40 Kronen, Kinder 20 Kronen*

NORDBÖHMEN

Častolovice **[122 A3]**

In den Werkstätten der alten Glasbläserstadt Častolovice dürfen Besucher bei den Vorführungen der Profis mit etwas Glück und viel Puste selbst in den Blasebalg pusten – und das (vielleicht nicht ganz formvollendete) Werk mit nach Hause nehmen.

Liberec **[121 D2]**

In dem weitläufigen Park *Lidové sady Petra Bezruče* lohnt ein Besuch

Vielleicht werden nach dem Urlaub auch Ihre Kinder nach Trachten trachten

mit Kindern: Sie finden hier einen botanischen Garten, einen Zoo, einen Schwanensee und ein Freilichttheater. *April–Okt. tgl. 8–18 Uhr, Nov.–März 8–17 Uhr, 50 Kronen, Kinder 30 Kronen*

NORDMÄHREN

Šumperk **[123 D4]**
Mährisch-Schönberg besitzt ein hübsches Schlösschen mit einem *Heimatmuseum* (Natur des Altvatergebirges), ein Dominikanerkloster mit frühbarocker Kirche und ein erlebnisorientiertes Kinderparadies, das so genannte *Veteran Muzeum* in der Nähe der Stadt: ein Freilichtmuseum und Tierpark auf einem alten Bauernhof mit Pfauen, Lamas, Straußen und Affen. Auf Ponys und Eseln kann geritten werden, außerdem sitzt man am Lagerfeuer und hat die Möglichkeit zu zelten. *April–Okt. tgl. 8–20 Uhr, Nov.–März 8–17 Uhr, Vikýřovice, U Lávky 3, zu erreichen auf der Straße Šumperk–Rapotín, 30 Kronen, Kinder 20 Kronen*

SÜDMÄHREN

Buchlov **[131 E2]**
Im Rittersaal und in der »Schwarzen Küche« der mittelalterlichen Burg Buchlau können Kinder sich einen Eindruck vom Alltag zu Ritterszeiten machen. *Tgl. 9–16 Uhr, 50 Kronen, Kinder 30 Kronen*

Schuhmuseum Zlín **[131 F1]**
Auch für Kinder ein kurioses Erlebnis: eine Kulturgeschichte der Pantoffeln, Pumps, Slipper, Sandalen, Stiefel …: Zu bestaunen in Zlín im Werk Svit, wo die Brüder Bat'a 1896 den Grundstein für das Schuhimperium legten. *Třída T. Bati, April bis Okt. Di–So 10–12 und 13–17, Nov.–März Di–Fr 10–12 und 13–17 Uhr, 40 Kronen, Kinder 25 Kronen*

Angesagt!

Was Sie wissen sollten über Trends, die Szene und Kuriositäten in Tschechien

Musik

Trampská hudba (Trampmusik) ist eine sehr populäre böhmisch-mährische Fusion aus Country, Bluegrass, Blues und Protestsongs tschechischer und US-amerikanischer Provenienz. Ikonen des Genres sind František und Jan Nedvěd. Die elektrisierende Musik der Roma Südosteuropas hat mit Balkanfilmen wie »Underground«

auch in Tschechien eine Ethnomusikwelle ausgelöst. Die üppige Romadiva Věra Bílá ist inzwischen ein gefeierter World-Musik-Star. Sie spielt mit ihrer Band »Kalé« aber immer wieder in kleinen Clubs oder sogar Bars auf. Nicht weniger spannend ist die Prager Band »Álom« um den Geigenvirtuosen Vojtěch Lávička, die einen urbanen Mix mährischer und slowakischer Romamusik zelebrieren.

Mode

Prag hat eine junge Modeszene hervorgebracht, die sich weniger an klassischen Vorbildern in Paris oder Mailand als vielmehr an den jungen Wilden in London orientiert. Der kubanischstämmige Designer Osman Lafitta gilt als Statthalter der Haute Couture in Prag und wurde schon als »Galliano Tschechiens« apostrophiert. Sein Salon Taiza residiert auf der Nobelmeile Prags *(Na příkopě 31)*. Zu den Kunden von Jaroslava Dovcová *(Rybna)* gehören viele Leute des tschechischen Showbusiness.

Trash & Psycho

Nach dem Zusammenbruch der alten Weltordnung 1989 befindet sich die junge Nation auf Sinnsuche: Das Orange der Hare Krishna gehört zum Prager Straßenbild, Schüler und Studenten laufen obskuren Gurus die Türen ein. Teil dieser neuen tschechischen Metaphysik ist die Keltenbewegung: Seit man die Schwärmerei für Russland und mit ihr den ganzen Panslawismus über Bord geworfen hat, suchen viele junge Tschechen und Tschechinnen nach ihren »keltischen Wurzeln«.

Von Anreise bis Zoll

Hier finden Sie kurz gefasst die wichtigsten Adressen und Informationen für Ihre Tschechienreise

ANREISE

Auto
Aus Westen führt die A 6 über Nürnberg und Amberg nach Pilsen und weiter nach Prag und Brünn. Von Nord nach Süd wird derzeit noch an der Fertigstellung der Autobahn von Dresden nach Prag und von dort weiter Richtung Budweis gebaut. Viele Hauptverkehrsadern sind vierspurig ausgebaut.

Bahn
Innerhalb Tschechiens besteht ein dichtes Eisenbahnnetz, das jedoch völlig überaltert ist. Die Züge können nur sehr langsam fahren. Dafür sind die Preise konkurrenzlos niedrig. Die Fahrt nach Prag dauert von Köln rund zehn, von Hamburg acht, von München knapp sieben Stunden.

Bus
Busverbindungen bestehen zwischen allen größeren tschechischen Städten. Von Prag und von grenznahen Ortschaften aus werden auch internationale Ziele angesteuert.

Flugzeug
Die meisten deutschen, österreichischen und schweizerischen Flughäfen bieten mehrmals täglich Flüge nach Praha-Ruzyně an. Shuttlebusse ins Zentrum (16 km) sind eine billigere Alternative zum Taxi. Außerdem stehen die Niederlassungen diverser Autovermieter zur Verfügung.

AUSKUNFT

Tschechische Zentrale für Tourismus
Karl-Liebknecht-Str. 34, 10178 Berlin, Tel./Fax 030/204 47 70, Mo, Mi, Fr 9–14.30, Di, Do 12–14.30 Uhr, www.czech-tourist.de

AUTO

Vorgeschrieben sind Führerschein, KFZ-Schein und die grüne Versicherungskarte. Die Benutzung der Autobahnen ist gebührenpflichtig. Es gelten gestaffelte Preise (200 Kronen pro Monat, 100 Kronen für zehn Tage, auch Tages- und Wochenvignetten). Die häufig kontrollierten Vorschriften zur Höchstgeschwindigkeit von 50 km/h in Ortschaften, 90 km/h auf Landstraßen und 130 km/h auf Autobahnen sollten tunlichst eingehalten werden – ebenso das absolute Alkohol- und Telefonierverbot am Steuer und das im Winter auch tagsüber vorgeschriebene Fahren mit Abblendlicht. Bleifreies Benzin heißt *Natural* bzw. *Super-Natural*, Dieseltreibstoff läuft unter der Bezeichnung *Nafta*.

www.marcopolo.de

Das Reiseweb mit Insider-Tipps

Mit Informationen zu mehr als 4 000 Reisezielen ist MARCO POLO auch im Internet vertreten. Sie wollen nach Paris, in die Dominikanische Republik oder ins australische Outback? Per Mausklick erfahren Sie unter www.marcopolo.de das Wissenswerte über Ihr Reiseziel. Zusätzlich zu den Reiseführerinfos finden Sie online:

- täglich aktuelle Reisenews und interessante Reportagen
- regelmäßig Themenspecials und Gewinnspiele
- Miniguides zum Ausdrucken

Gestalten Sie MARCO POLO im Web mit: Verraten Sie uns Ihren persönlichen Insider-Tipp, und erfahren Sie, was andere Leser vor Ort erlebt haben. Und: Ihre Lieblingstipps können Sie in Ihrem MARCO POLO Notizbuch sammeln. Entdecken Sie die Welt mit www.marcopolo.de! Holen Sie sich die neuesten Informationen, und haben Sie noch mehr Spaß am Reisen!

BANKEN & GELD

Landeswährung ist die Krone, die in 100 Heller unterteilt ist. Beachten Sie beim Geldwechseln nicht nur die Wechselkurse, sondern auch die deutlich variierenden Gebühren. Zu Bargeld kommen Sie in Wechselstuben (hohe Gebühren), in Hotels oder besser an den zahlreichen Geldautomaten.

CAMPING

Camping ist ein Volkssport in Tschechien, weshalb Sie in fast jeder Stadt als Alternative zum Hotel einen Zeltplatz finden. Eine angenehme Besonderheit sind die *chaty*, kleine Hütten, oft mit Veranda, die wegen ihrer Popularität leider häufig ausgebucht sind. Einen Überblick über die rund 400 Camps finden Sie im Internet unter *www.camp.cz.*

DIPLOMATISCHE VERTRETUNGEN

Deutsche Botschaft in Prag
Vlašská 19, Tel. 02/57 11 31 11, Fax 57 53 40 56

Österreichische Botschaft in Prag
Ulice Viktora Huga 10, Tel. 02/ 57 32 12 82

Schweizer Botschaft in Prag
Pevnostní 7, Tel. 02/24 31 12 28

EINREISE

Deutsche benötigen Personalausweis oder Reisepass, Schweizer und Österreicher einen Reisepass. Die Dokumente müssen noch mindestens drei Monate gültig, Kinderausweise mit Fotos versehen sein. Gefordert wird auch der schriftliche Nachweis einer Auslandskrankenversicherung (Kopie des Versicherungsscheins), da mit Tschechien kein Sozialabkommen besteht. Falls dieser Nachweis fehlt, kann ein Bußgeld erhoben werden.

INTERNET

Informative Websites: *www.tschechien.de* (gut gegliederter Überblick über Land und Leute); *www.travelguide.cz* (umfangreicher, in Regionen unterteilter Buchungsservice für Hotels und Pensionen); *www.zamky-hrady.cz* (alle sehenswerten Schlösser, Burgen und Ruinen); *www.vlak-bus.cz* (alle Zug- und Busverbindungen).

KLIMA & REISEZEIT

Böhmens Klima unterscheidet sich kaum von dem Süddeutschlands. In Südmähren trifft man dagegen auf ein deutlich milderes Klima mit warmen und eher niederschlagsarmen Sommermonaten.

Was kostet wie viel?

Museum — **1–2 Euro** für den durchschnittlichen Eintritt (nicht in Prag)

Kaffee — **25–90 Cent** für eine Tasse Kaffee

Bier — **0,40–1 Euro** für eine Halbe (0,5 l)

Wasser — **25–90 Cent** für 0,2 l Mineralwasser

Imbiss — **1,10–1,65 Euro** für einen gebackenen Käse

Benzin — **85 Cent** für 1 l Super bleifrei

LITERATUR

Bohumil Hrabal, *Hochzeiten im Hause:* warmherzige, lustige und traurige Lebens- und Liebesge-

Wetter in Prag

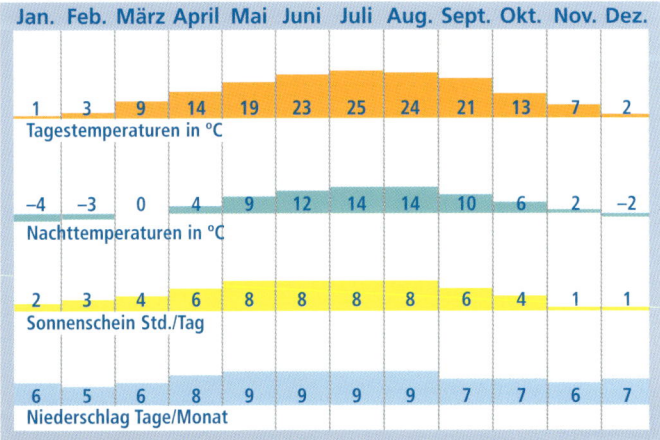

	Jan.	Feb.	März	April	Mai	Juni	Juli	Aug.	Sept.	Okt.	Nov.	Dez.
Tagestemperaturen in °C	1	3	9	14	19	23	25	24	21	13	7	2
Nachttemperaturen in °C	–4	–3	0	4	9	12	14	14	10	6	2	–2
Sonnenschein Std./Tag	2	3	4	6	8	8	8	8	6	4	1	1
Niederschlag Tage/Monat	6	5	6	8	9	9	9	9	7	7	6	7

schichte eines Paares, geschrieben ohne Punkt und Komma. Mílan Kundera, *Der Scherz:* Der Roman erzählt, wie viel Tragisches eine scherzhaft gemeinte Postkarte in kommunistischen Zeiten auslösen konnte. Pavel Kohout, *Sternstunde der Mörder:* In den chaotischen Tagen im Mai 1945 gelingt es einem besessenen Frauenmörder, in Prag fast unentdeckt zu bleiben

NOTRUF

Ärztlicher Notdienst: *155*
Polizei: *158*
Feuerwehr: *150*

ÖFFENTLICHE VERKEHRSMITTEL

Tschechische Städte zeichnen sich durch ein hervorragendes und kostengünstiges öffentliches Nahverkehrsnetz aus. Fahrkarten *(jizdenky)* bekommt man in jedem Tabakladen *(kiosk)* für 10–12 Kronen. Auch die Fahrpreise für Züge liegen deutlich unter deutschem Niveau, das gilt allerdings auch für die Reisegeschwindigkeit.

POST

Briefmarken für Postkarten und Briefe (7 bzw. 9 Kč) ins europäische Ausland bekommt man außer bei der *pošta* (Post) in zahlreichen Tabakläden *(tabák, trafika)*.

STROM

Netzspannung 220 Volt, allerdings passen nur schmale Stecker in die Steckdosen. Für Elektrogeräte mit runden Steckern benötigen Sie daher einen Adapter.

TELEFON & HANDY

Telefonkarten erhalten Sie bei der Post oder in Tabakläden. Vorwahlen: Deutschland 0049, Österreich 0043, Schweiz 0041, Tschechien 00420. Es ändern sich im Zuge der Digitalisierung des tschechischen Telefonnetzes laufend Telefonnummern. Die neuen Nummern erkennt man an ihrer Achtstelligkeit. Das Telefonieren per Handy ist in Tschechien sehr teuer. Es empfiehlt sich, zumindest die Mailbox auszuschalten und besser eine Prepaidkarte zu besorgen. Detaillierte Tipps finden Sie im Internet unter *www.handy.de.*

TRINKGELD

Für Dienstleistungen aller Art wird ein Trinkgeld von etwa 10 Prozent der Rechnungssumme erwartet.

ZOLL

In die EU zollfrei eingeführt werden dürfen u. a. 1 l Alkohol über 22 Prozent, 200 Zigaretten, 50 g Parfüm und andere Artikel im Gesamtwert von höchstens 84 Euro. Die Einfuhr tschechischer Währung ist bis zu 5000 Kronen erlaubt.

€	Kč
1	30
2	61
3	92
4	122
5	153
7	214
8	244
9	275
25	763

Kč	€
100	3,28
200	6,55
250	8,19
300	9,83
400	13,10
500	16,38
700	22,93
800	26,20
900	29,48

Mluvíš česky?

»Sprichst du Tschechisch?«
Dieser Sprachführer hilft Ihnen, die wichtigsten Wörter und Sätze auf Tschechisch zu sagen

> Zur Erleichterung der Aussprache sind alle tschechischen Wörter mit einer einfachen Aussprache (in eckigen Klammern) versehen.
> ' vor einer Silbe bedeutet, dass die nachfolgende Silbe betont wird.

AUF EINEN BLICK

Ja./Nein.	Ano. ['ano]/Ne. [nä]
Bitte.	Prosím. ['prossihm]
Danke.	Děkuji. ['djäkuji]
Gern geschehen.	Rádo se stalo. ['rahdo ssä 'stalo]
Können Sie mir bitte helfen?	Prosím vás, můžete mi pomoci? ['prossihm was 'muschätä mi 'pomotsi]
Hilfe!	Pomoc! ['pomots]
Ich möchte ...	Chtěl/-a bych ... ['chtjäl/-a bich]
Haben Sie ...?	Máte ...? ['mahtä]
Wie viel kostet es?	Kolik to stojí? ['kolik to 'stojih]
Wie viel Uhr ist es?	Kolik je hodin? ['kolik jä 'hodjin]
Entschuldigung!	Promiňte! ['prominjtä]
Wie bitte?	Prosím? ['prossihm]
Ich verstehe Sie/dich nicht.	Nerozumím vám/ti. ['närosumihm wahm/tji]

KENNENLERNEN

Guten Morgen!	Dobré jitro! ['dobräh 'jitro]
Guten Tag!	Dobrý den! ['dobrih 'dän]
Guten Abend!	Dobrý večer! ['dobrih 'wätschär]
Hallo! Grüß dich!	Ahoj! [a'hoj]
Wie ist Ihr Name, bitte?	Jaké je vaše jméno, prosím? ['jakäh jä 'waschä 'mähno 'prossihm]
Mein Name ist ...	Jmenuji se ... ['mänuji ssä]
Ich bin aus ...	Jsem z ... ['ssäm s]
Wie geht es Ihnen/dir?	Jak se máte/máš? ['jäk ssä 'mahtä/'mahsch]
Danke. Und Ihnen/dir?	Děkuji. A vy/ty? ['djäkuji a 'wi/ti]
Auf Wiedersehen!	Na shledanou! ['nas chlädanou]
Tschüss!	Ahoj! [a'hoj]

Auskunft

Wie komme ich zur Autobahn nach …?	Jak se dostanu na dálnici na …? ['jak ssä 'dostanu 'nadahlnjitsi 'na]
Immer geradeaus bis …	Pořád rovně až … ['porschaht 'rownjä asch]
Dann links/rechts abbiegen.	Potom odbočte (zahněte) do leva/ do prava. ['potom 'odbotschtä ('sahnjätä) 'doläwa/'doprawa]
Bitte, wo ist …?	Prosím vás, kde je …? ['prossihm 'wahs gdä jä]
Wie weit ist das?	Jak je to daleko? ['jak jä to 'daläko]

Panne

Ich habe eine Panne.	Měl/-a jsem poruchu. ['mnjäl/-a ssäm 'poruchu]
Können Sie mal nachsehen?	Můžete se na to podívat? ['muhschätä ssä 'nato 'podjihwat]
Wo ist hier in der Nähe eine Werkstatt?	Je tady někde blízko autoopravna? ['jä 'tadi njägdä 'blihsko 'auto,oprawna]
Würden Sie mich bis zur nächsten Werkstatt abschleppen?	Odtáhl/-a byste mě k nejbližší dílně? ['otahch/'otahhla 'bistä mnjä 'knäjblischih 'djihlnjä]

Tankstelle

Ich möchte … Liter …	Chtěl/-a bych … litrů. ['chtjäl/-a bich … litruh]
… Normalbenzin.	… benzínu speciál. ['bänsihnu 'spätsijahl]
… Super.	… benzínu super. ['bänsihnu 'ssupr]
… Diesel.	… nafty. ['nafti]
… bleifrei/verbleit/ mit … Oktan.	… naturalu/s olovem/ …-oktano vého. ['naturahlu/'ss olowäm'/ -okta no wähho]
Voll tanken, bitte.	Plnou (nádrž) prosím. ['plnou ('nahdrsch) 'prossihm]

Unfall

Es ist ein Unfall passiert!	Stala se nehoda! ['stala ssä 'nähoda]
Rufen Sie bitte schnell …	Zavolejte prosím rychle … ['sawoläjtä 'prossihm 'richlä]
… einen Krankenwagen.	… sanitku. ['sanitku]
… die Polizei.	… policii. ['politsiji]
… die Feuerwehr.	… požárníky. ['poschahrnjihki]
Es war meine/Ihre Schuld.	Byla to moje/vaše vina. ['bila to 'mojä/'waschä 'wina]

Geben Sie mir bitte Ihren Namen und Ihre Anschrift.	Napište mi prosím své jméno a adresu. ['napischtä mi 'prossihm swä 'mähno a 'adrässu]
Vielen Dank für Ihre Hilfe.	Děkuji vám za pomoc. ['djäkuji wahm 'sapomots]

ESSEN & TRINKEN

Wo gibt es hier …	Kde je tady … ['gdä jä 'tadi]
… ein gutes Restaurant?	… nějaká dobrá restaurace? ['njäjakah 'dobrah 'rästauratsä]
… ein typisches Restaurant?	… typická restaurace? ['tipitskah 'rästauratsä]
Reservieren Sie uns bitte für heute Abend einen Tisch für vier Personen.	Rezervujte nám prosím na dnes večer stůl pro čtyři osoby. ['räsärwujtä nahm 'prossihm 'nadnäs ' wätschär stuhl 'proschtirschi 'ossobi]
Welches sind die typischen Gerichte der tschechischen Küche?	Jaká jsou typická česká jídla? ['jakah ssou 'tipitskah 'tschäskah 'jihdla]
Ich nehme …	Dal/-a bych si … ['dal/-a bich ssi]
Auf Ihr Wohl!	Na vaše zdraví! ['nawaschä 'sdrawih]
Das habe ich nicht bestellt.	To jsem si neobjednal/-a. ['to ssäm ssi 'näobjädnal/-a]
Bezahlen, bitte.	Platit prosím. ['platjit 'prossihm]
Hat es geschmeckt?	Chutnalo vám? ['chutnalo wahm]
Das Essen war ausgezeichnet.	Bylo to výborné. ['bilo to 'wihbornäh]

ÜBERNACHTUNG

Können Sie mir bitte … empfehlen?	Můžete mi prosím doporučit … ['muhschätä mi 'prossihm 'doporutschit]
… ein gutes Hotel …	… nějaký dobrý hotel? ['njäjakih 'dobrih 'hotäl]
… eine Pension …	… penzión ['pänsijon]?
Haben Sie noch Zimmer frei?	Máte ještě volné pokoje? ['mahtä '(j)äschtjä 'wolnäh 'pokojä]
Ein Einzelzimmer …	Jednolůžkový … ['jädno'luhschkowih]
Ein Zweibettzimmer …	Dvoulůžkový … ['dwou'luhschkowih]
… mit Dusche/Bad.	… se sprchou/s koupelnou. ['ssäsprchou/'skoupälnou]
… für eine Nacht.	… na jednu noc. ['najädnu 'nots]
… für eine Woche.	… na týden. ['natihdän]
Was kostet das Zimmer mit …	Kolik stojí pokoj … ['kolik 'stojih 'pokoj]
… Frühstück?	… se snídaní? ['säsnjihdanjih]
… Halbpension?	… s polopenzí? ['spolopänsi]

PRAKTISCHE INFORMATIONEN

Arzt

Können Sie mir einen guten Arzt empfehlen?	Můžete mi doporučit nějakého dobrého lékaře? ['muhschätä mi 'doporutschit 'njäjakähho 'dobrähho 'lähkarschä]
Ich habe hier Schmerzen.	Mám bolesti tady. ['mahm 'bolästji 'tadi]
Ich habe Fieber.	Mám horečku. ['mahm 'hörätschku]

Bank

Wo ist hier bitte …	Kde je tady …['gdä jä 'tadi]
… eine Bank?	… banka? ['banka]
… eine Wechselstube?	… směnárna prosím? ['smnjänahrna 'prossihm]
Ich möchte … Euro (Schweizer Franken) in Kronen wechseln.	Chtěl/-a bych si vyměnit … euro (švýcarských franků) na koruny. ['chtjäl/-a bichsi 'wimnjänjit … 'äwro (schwihtsarskihch frankuh) 'nakoruni]

Post

Wie viel kommt auf	Kolik se dává ['kolik ssä 'dahwah]
… einen Brief…	… na dopis ['nadopis] …
… eine Postkarte…	… na lístek ['nalistäk] …
… nach Deutschland?	… do Německa? ['donjämätska]

ZAHLEN

0	nula ['nula]	18	osmnáct ['ossumnahtst]
1	jeden (m)/jedna (f) [jädän/'jädna]	19	devatenáct ['däwatänahtst]
		20	dvacet [dwatsät]
2	dva (m) ['dwa], dvě (f) ['dwjä]	21	dvacet jedna ['dwatsät 'jädna]
3	tři ['trschi]	30	třicet ['trschitsät]
4	čtyři ['schtirschi]	40	čtyřicet ['schtirschitsät]
5	pět ['pjät]	50	padesát ['padässaht]
6	šest [schäst]	60	šedesát [schädässaht]
7	sedm ['ssädum]	70	sedmdesát ['ssädumdässaht]
8	osm ['ossum]	80	osmdesát ['ossumdäsaht]
9	devět ['däwjät]	90	devadesát ['däwadässaht]
10	deset ['dässät]	100	sto ['sto]
11	jedenáct ['jädänahtst]	200	dvě stě ['dwjä 'stjä]
12	dvanáct ['dwanahtst]	300	tři sta ['trschi 'sta]
13	třináct ['trschinahtst]	1000	tisíc ['tjissihts]
14	čtrnáct ['schtrnahtst]	2000	dva tisíce ['dwa 'tjissihtsä]
15	patnáct ['patnahtst]	10000	deset tisíc ['dässä'tjissihts]
16	šestnáct ['schästnahtst]	1/2	půl [puhl]
17	sedmnáct ['ssädumnahtst]	1/4	čtvrt [(t)schtwrt]

Reiseatlas Tschechien

Die Seiteneinteilung für den Reiseatlas finden Sie auf dem hinteren Umschlag dieses Reiseführers

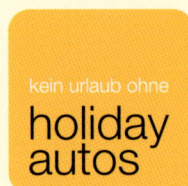

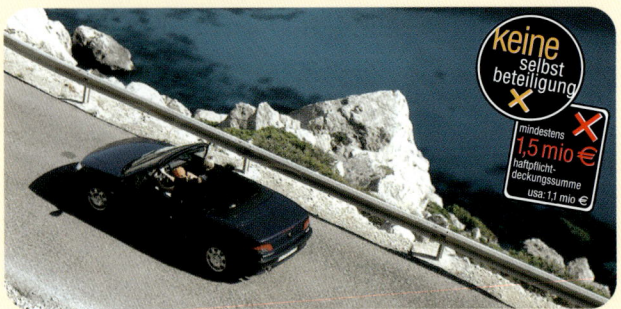

Kartenlegende Reiseatlas

le Mans-Est 4	Autobahn mit Anschlussstelle Motorway with junction
Datum, Date	Autobahn in Bau Motorway under construction
Datum, Date	Autobahn in Planung Motorway projected
R	Raststätte mit Übernachtungsmöglichkeit Roadside restaurant and hotel
R	Raststätte ohne Übernachtungsmöglichkeit Roadside restaurant
E	Erfrischungsstelle, Kiosk Snackbar, kiosk
T A	Tankstelle, Autohof Filling-station, Truckstop
	Autobahnähnliche Schnellstraße mit Anschlussstelle Dual carriage-way with motorway characteristics with junction
	Straße mit zwei getrennten Fahrbahnen Dual carriage-way
	Durchgangsstraße Thoroughfare
	Wichtige Hauptstraße Important main road
	Hauptstraße Main road
	Sonstige Straße Other road
	Fernverkehrsbahn Main line railway
	Bergbahn Mountain railway
	Autotransport per Bahn Transport of cars by railway
	Autofähre Car ferry
	Schifffahrtslinie Shipping route
	Landschaftlich besonders schöne Strecke Route with beautiful scenery
Routes des Crêtes	Touristenstraße Tourist route
	Straße gegen Gebühr befahrbar Toll road
	Straße für Kraftfahrzeuge gesperrt Road closed to motor traffic
	Zeitlich geregelter Verkehr Temporal regulated traffic
15%	Bedeutende Steigungen Important gradients

	Kultur **Culture**
★★ PARIS ★★ *la Alhambra*	Eine Reise wert Worth a journey
★ TRENTO ★ *Comburg*	Lohnt einen Umweg Worth a detour
	Landschaft **Landscape**
★★ Rodos ★★ *Fingal's cave*	Eine Reise wert Worth a journey
★ Korab ★ *Jaskinia raj*	Lohnt einen Umweg Worth a detour
	Besonders schöner Ausblick Important panoramic view
	Ausflüge & Touren **Excursions & tours**
	Nationalpark, Naturpark National park, nature park
	Sperrgebiet Prohibited area
4807	Bergspitze mit Höhenangabe in Metern Mountain summit with height in metres
(630)	Ortshöhe Elevation
	Kirche Church
	Kirchenruine Church ruin
	Kloster Monastery
	Klosterruine Monastery ruin
	Schloss, Burg Palace, castle
	Schloss-, Burgruine Palace ruin, castle ruin
	Denkmal Monument
	Wasserfall Waterfall
	Höhle Cave
	Ruinenstätte Ruins
	Sonstiges Objekt Other object
	Jugendherberge Youth hostel
	Badestrand · Surfen Bathing beach · Surfing
	Tauchen · Fischen Diving · Fishing
	Verkehrsflughafen Airport
	Regionalflughafen · Flugplatz Regional airport · Airfield

DEUTSCHLAND
Teuchern
Lucka
Regis-Breitingen
Borna
Prießnitz
Ebersbach
Osterfeld
Könderitz
Frohburg
Meineweh
ZEITZ
Meuselwitz
Treben
Geithain
Rositz
Windischleuba
Gnandstein
Wetzdorf
Wetterzeube
Schellbach
ALTENBURG
Eisenberg
Pölzig
Lumpzig
Klausa
Nobitz
Langenleuba-Oberhain
Penig
Bad Köstritz
Bad Klosterlausnitz
Hermsdorf
Schmölln
Gößnitz
Hartmannsdorf
Waldenburg
GERA
Meerane
Limbach-Oberfrohna
Saara
Ronneburg
Münchenbernsdorf
Rückersdorf
CRIMMITSCHAU
GLAUCHAU
Ottendorf
Großebersdorf
Wünschendorf
Neukirchen
Mosel
Lichtenstein
Weida
Seelingstädt
Werdau
Lugau
Hohenölsen
Berga
Oelsnitz
Triptis
Teichwolframsdorf
ZWICKAU
Reinsdorf
Auma
Lichtentanne
Wilkau-Haßlau
Triebes
Greiz
Neumark
Hartenstein
Zeulenroda
Naitschau
REICHENBACH
Wildenfels
Tegau
Kirchberg
Lößnitz
Dobia
Schneeberg
Lössau
Elsterberg
Netzschkau
AUE
Oberkrinitz
Schleiz
Pausa
Lengenfeld
Zschorlau
Lauter
Mühltroff
Jocketa
Rodewisch
Rothenkirchen
Syrau
Treuen
Tanna
PLAUEN
Auerbach
Schönheide
Sosa
Eibenstock
Bergen
Falkenstein
Tobertitz
Morgenröthe-Rautenkranz
Johanngeorgenstadt
Weischlitz
Grünbach
Hammerbrücke
Carlsfeld
Gefell
Gutenfürst
Oelsnitz
Schöneck
Hirschberg
Bobenneukirchen
Nové Hamry
Töpen
Triebel
Klingenthal
Špičák
Přebuz
Blosenberg
Posseck
Erlbach
Kraslice (Graslitz)
Nejdek (Neudeck)
HOF
Adorf
Markneukirchen
Regnitzlosau
Hranice
Jindřichovice
Bad Elster
Luby
Oloví
Chodov
Oberkotzau
Konradsreuth
Rehau
Aš (Asch)
Bad Brambach
Spálená
Krajková
Nové Sedlo
Schwarzenbach a. d. Saale
Plesná
Habartov
Münchberg
Schönwald
Schönberg
SOKOLOV (FALKENAU)
Sparneck
Weißdorf
Selb
Hazlov
Skalná
Kaceřov
Kirchenlamitz
Ostroh
Třebeň
Kynšperk n. Ohří
Marktleuthen
Františkovy Lázně (Franzensbad)
Weißenstadt
Höchstädt
Hohenberg
Schirnding
CHEB (EGER)
Česta hradů
Röslau
Thiersheim
Bischofsgrün
Lazy
Wunsiedel
Arzberg
Dolní Žandov
Kladská
Tröstau
Konnersreuth
Kynžvart
Lázně Kynžvart
Bad Alexandersbad
Marktredwitz
Waldsassen
Mariánské Lázně
Fichtelberg
Neualbenreuth
Warmensteinach
Nagel
Waldershof
Mitterteich
Velká Hleďsebe
Brand
Neusorg
10 km
Kulmain
Wondreb
Mähring
Speichersdorf
Tirschenreuth
Plaña
Kemnath
Erbendorf
Marchaney
Halže

126

Hartha
Waldheim
Roßwein
Nossen
Deutschenbora
Sora
Wilsdruff
DRESDEN
Pillnitz
Heidenau
Kriebstein
Mittweida
Marbach
Siebenlehn
Neukirchen
Mohorn
Grumbach
FREITAL
Tharandt
Possendorf
Kreischa
Weesenstein
Hainichen
Großschirma
Halsbrücke
Naundorf
Kurort Hartha
Silberstraße
Klingenberg
Frankenberg
Frankenstein
Bräunsdorf
FREIBERG
Dippoldiswalde
Reinhardtsgrimma
Berggießhübel
Liebstadt
Glashütte
Deutsche Alleenstraße
Schmiedeberg
Oederan
Flöha
CHEMNITZ
Brand-Erbisdorf
Weißenborn
Pretzschendorf
Hartmannsdorf
Mulda
Frauenstein
Augustusburg
Eppendorf
Großhartmannsdorf
Altenhain
Waldkirchen
Altenberg
Bärenstein
Lauenstein
Geising
Zinnwald
Georgenfeld
Rehefeld-Zaunhaus
Rechenberg-Bienenmühle
Zschopau
Lengefeld
Pockau
Forchheim
Sayda
Neuhausen
Fláje
Cínovec
Krupka
Dubí
Košťany
Probošťov
Hrob
Osek
TEPLICE
Olbernhau
Marienberg
Thum
Wolkenstein
Ehrenfriedersdorf
Ansprung
Seiffen
Deutschneudorf
Meziboří
Černý v.
Silberstraße
Steinhübel
Rübenau
Hora Svaté Kateřiny
Kalek
LITVÍNOV
Horní Jiřetín
Záluží
Lom
Duchcov (Dux)
Bílina (Bilin)
Hostomice
Medvědí sk.
Annaberg-Buchholz
Reitzenhain
Jelení v.
Königswalde
Satzung
Jöhstadt
Komořany
MOST (BRÜX)
Obrnice
Kostomlaty
Hrobčice
Hora Svatého Šebestiána
Jirkov
Bärenstein
Vejprty
Přísečnice
Křimov
Hasištejn
Hradiště
CHOMUTOV (KOMOTAU)
Neudorf
Fichtelberg
Nová Víska
Kovářská
Měděnec
Chomutovka
Havraň
Březno
Mílá
Raná
Libčeves
Oblík
Loučná
Klínovec
Klášterec n. Ohří
Kadaň (Kaaden)
Ohře
Nechranice
Postoloprty
Břvany
LOUNY (LAUN)
Jáchymov (St. Joachimsthal)
Kotvina
Okounov
Himlštejn
Ostrov
Kojetín
Radonice
Pětipsy
Žatec (Saaz)
Nový Hrad
Chlumčany
Lipenec
Hříškov
Doupovské hory
Velichov
KARLOVY VARY
Maštov
Měcholupy
Nečemice
Ročov
Dubina
Podbořany (Podersam)
Pšov
Křečov
Velká Černoc
Džbán
Andělská Hora
Hradiště
Podbořanský Rohozec
Valeč
Stružná
Vroutek
Kryry
Svojetín
Hořovičky
Krupá
Revničov
Nové Strašecí
Karlovy Vary
Lubenec
Bochov
Bišanka
Kolešovice
Kněževes
Lužná
Javorná
Žlutice (Luditz)
Chyše
Jesenice
Pšovlky
Senomaty
Rakovník
Útvina
Toužim
Střela
Štědrá
Močidlec
Rabštejn n. Střelou
Žihle
Žďár
Zavidov
Křivoklát
Roztoky
Čistá
Hubenov
Slabce
Tepelská plošina
Třebouňský vrch
Manětín
Mladotice
Kralovice
Chříč
Skryje
Týřov
Kublov
Teplá
Klášter Teplá
Bezvěrov
Nečtiny
Preitenštejn
Kozojedy
Krašov
Úterý
Lom
Plasy
Liblín
Bezdružice
Dolní Bělá
Kaznějov
Terešov
Zbiroh
Kokašice
Konstantinovy Lázně
Úněšov
Kaceřov
Radnice
Gutštejn
Pernarec
Třemošná
Berounka
Břasy
Radeč
Chotětín
Černošín

127

PIRNA
Neustadt
Sebnitz
Bad Schandau
Königstn.
Berggießhübel
Bad Gottleuba
Ebersbach
Šluknov
Mikulášovice
Rumburk (Rumburg)
Varnsdorf (Warnsdorf)
Seifhennersdf.
ZITTAU
Gr.-Schönau
DĚČÍN (TETSCHEN)
Česká Kamenice
Chřibská
Kamenický Šenov
Nový Bor (Haida)
Cvikov
Jablonné v Podještědí
Benešov n. Ploučnicí
Žandov
ČESKÁ LÍPA (BÖHM. LEIPA)
Mimoň
Zákupy
TEPLICE (TEPLITZ)
ÚSTÍ N. LAB. (AUSSIG)
Velké Březno
LITOMĚŘICE (LEITMERITZ)
Úštěk
Doksy
Dubá
Lovosice (Lobositz)
Terezín
Štětí
Roudnice n. Labem
MLADÁ BOLESLAV (JUNGBUNZLAU)
Mělník
Neratovice
Zlonice
Velvary
Slaný
Kralupy n. Vltavou
Brandýs n. Labem-Stará Boleslav
Čelákovice
KLADNO
PRAHA (PRAG)
Unhošť
Nové Strašecí
Stochov
Beroun
Říčany
Úvaly
Černošice
Dobřichovice
Řevnice
Zdice
Žebrák
Hořovice
Jílové u Prahy
Týnec n. Sáz.
Benešov
Mnichovice
Čerčany
Mníšek p. Brdy
Slapy
Křivoklátsko
Český kras
Národní park České Švýcarsko
Nationalpark Sächsische Schweiz
Kokořínsko

128

Zawidów
Leśna
Gryfów Śląski
Wleń
Stara Kraśnica
Habartice
Złotniki Lubańskie
Gryf
Chmieleń
Pilchowice
Czernica
Lipa
10 km
Wojcieszów
Mirsk
Rębiszów
Pasiecznik
Dziwiszów
Góry Kaczawskie
Skopiec
723
Kaczorów
Jindřichovice p. Smrkem
Pobiedna
Krobica
Stara Kamienica
Siedlęcin
Frýdlant
Czerniawa-Zdrój
POLSKA
JELENIA GÓRA
(HIRSCHBERG)
Nové Město p. Smrkem
(Friedland)
Hejnice
Świeradów-Zdrój
Wojcieszyce
Piechowice
Cieplice Śl.-Zdrój
Karpniki
Janowice Wielkie
Wysoka Kopa
1127
Izerskie
Góry
Sobieszów
Chojnik
Mysłakowice
Sosnówka
Wieściszowice
Szklarska Poręba
Jakuszyce
Świątynia Wang
Kowary
Jizerské hory
Jizera
1122
Mníšek
Karkonoski Park Nar.
Przesieka
Karpacz
Karpacz Górny
Pisarzowice
Ogorzelec
Josefův Důl
Desná
Harrachov
Brzeźnica
1362
Przeł. Okraj
1046
LIBEREC
(REICHENBERG)
(375)
Tanvald
Krkonoše
Kotel
1435
Černá h.
1022
Mísečky
Sněžka
1602
Horní Malá Úpa
Miszkowice
Niedamirów
JABLONEC N. NIS.
(GABLONZ A.D. NEISSE)
(495)
Rokytnice n. Jizerou
Špindlerův Mlýn
1196
Královec
Plavy
Jablonec n. Jiz.
Vysoké n. Jizerou
Pec p. Sněžkou
Krkonošský národní park
Vítkovice
Černá h.
1299
Žacléř
Rychnov u Jablonce n. Nis.
Janské Lázně
Frýdštejn
Železný Brod
Bozkovská jeskyně
Vrchlabí
(Hohenelbe)
Mladé Buky
Hodkovice n. Mohelkou
Sychrov
Semily
Jilemnice
Trutnov
(TRAUTENAU)
Rudník
Podhora
Hruby Rohozec
Kozákov
744
Turnov
Košťálov
Studenec
Hostinné
Mohelnice n. Jiz.
Žďár
Valdštejn
Hrubá Skála
Lomnice n. Popelkou
Stará Paka
Horka u Staré Paky
Pilníkov
Český ráj
Mostek
Kyje
Valečov
Trosky
Újezd
Kumburk
642
Nová Paka
Pecka
Kněžmost
Kost
Humprecht
Prachovské skály
Pařez
Železnice
Bělá u Pecky
Dvůr Králové n. Labem
(Königinhof a.d. Elbe)
Vesec
Sobotka
Lázně Bělohrad
Dolní Bousov
Jičín
Úlibice
Miletín
Kuks
Staré Hrady
Ostroměř
Sedlec
Velichovky
Hořice
Hustiřany
Domousnice
Libáň
Butoves
Jičíněves
Vysoké Veselí
Jaroměř
Josefov
Dobrovice
Semčice
Sukorady
Prodašice
Kopidlno
Smiřice
Jabkenice
Loučná Hora
Rožďalovice
Slavhostice
Žlunice
Suchá
Černilov
Mcely
Smidary
Nový Bydžov
HRADEC KRÁLOVÉ
Všestary
Křinec
Kněžice
Nechanice
(244)
291
Dymokury
Hrádek
Krchleby
Činěves
Městec Králové
Skochovice
Hrádek Nechanice
Barchov
Netřebice
KÖNIGGRÄTZ
Orlice
Ostromlaty n. Lab.
Nymburk
Dlouhopolsko
Chlumec n. Cidlinou
Bystřice
Běleč
Poděbrady
Lovčice
Karlova Koruna
Dobřenice
Opatovice n. Labem
Kostelní Lhota
Sadská
Žiželice
Loukonosy
Dříteč
Žehuň
Pod.-jih
Pod.-východ
Rohovládova Bělá
Lázně Bohdaneč
Velký Osek
Pečky
Pod.-západ
Veltruby
Tetov
Sezemice
Labe
Dašice
Kersko
Homole
279
255
PARDUBICE
Týnec n. Labem
214
Plaňany
Svítkov
Chvaletice
Velim
Řečany n. Lab.
Přelouč
Valy
KOLÍN
(223)
Starý Kolín
Záboří
Uhřetická Lhota
Kouřim
Svojšice
Červené Pečky
Kačina
Chrudim
Kutná Hora
Nové Dvory
Jakub
Chotusice
Nový Dvůr
Suchdol
Heřmanův Městec
Slatiňany
Zásmuky
Bečváry
Vysoká
Časlav
Vrdy
Rabštejn
Lukavice
Horní Kruty
Vrchlice
Malešov
Žleby
Lichnice
Prachovice
Krchleby
Ronov n. Doubravou
Třemošnice
Železné hory
Stradov
Sion
Nasavrky
Uhlířské Janovice
Potěhy
Sázava
Bestvina
Seč
Chrudimka
Oheb
Pivnisko
Červené Janovice
Rataje n. Sáz.
Štipoklasy
Zbýšov
Vilémov
Trhová Kamenice
Čestín
Golčův Jeníkov
Horní Bradlo
Zbraslavice
Železné hory
121
129
Kácov
Habry
Uhelná Příbram
Třebětín
Libice n. Doubr.
Zruč n. Sáz.
Údavy
Kynice
Psáře

A
B
C
173
1
2
3
5
6
Mieroszów
Sokołowsko
Głuszyca
Głuszyca Górna
Sokolec
Bielawa
Jodłownik
Baldwinowice
Czerńczyce
Zwrócona
Chełmsko Śląskie
Golińsk
Dlouhý v.
698
Bernartice
Okrzeszyn
Adršpašsko-teplické skály
Meziměstí
Świerki
Nowa Ruda
Woliborz
Srebrna Góra
Stoszowice
Ząbkowice Śląskie
Stolec
Goleniów Śląski
Teplice n. Metuji
786
Chvaleč
Broumov (Braunau)
Tłumaczów
Słupiec
Nowa Wieś Kłodzka
Budzów
425
Braszowice
Brzeźnica
Kamieniec Ząbkowicki
Dobre
Police n. Metuji
702
Božanov
Radków
Ścinawka Średnia
Wojbórz
Bardo
Dzbanów
Rtyně v Podkrkonoší
Stárkov
Machov
Wambierzyce
Raszków
Bierkowice
Kamienica
Úpice
Červený Kostelec
Hronov
Szczeliniec
919
Karłów
P.N. Gór Stołowych
Kamieniec
Wojciechowice
Laski
Złoty Stok
Libňatov
Czermna
Lezyce
Batorów
E67
Kłodzko (Glatz)
Droszków
Bílá Voda
Hořičky
Ratibořice
Kudowa-Zdrój
Náchod
Lewin Kłodzki
Szczytna
Duszniki-Zdrój
Polanica-Zdrój
Żelazno
Oldrzychowice Kłodzkie
Travna
902
Česká Skalice
Nové Město n. Met.
Olešnice v Orl. hor.
Nový Hrádek
Gorzanów
Trzebieszowice
Lądek-Zdrój
Stara Lomnica
Nowy Waliszów
Konradów
Jaroměř
Bohuslavice
Bohdašín
Zieleniec
Šerlich
Lasówka
51
Bystrzyca Kłodzka
Stronie Śląskie
Dešťné v Orl. hor.
1115
Velká Deštná
Spalona
Idzików
Kletno
Jaskinia Niedźwiedzia
Dobruška
Dobré
Jagodna
977
Igliczna
Międzygórze
Libřice
Opočno
38
Długopole-Zdrój
Domaszków
Králický Sněžník
1425
Černilov
Zdobnice
992
Neratov
Roztoki
Jodłów
Staré Město
Solnice
Třebechovice p. Orebem
Rychnov n. Kněžnou
Rokytnice v Orlických horách
Bartošovice v Orl. hor.
Międzylesie
1224
Lično
Pěčín
Kunvald
Týniště n. Orlicí
Častolovice
Kostelec n. Orlicí
Boboszów
540
Lichkov
Przeł. Międzyleska
Mladkov
Dolní Lipka
Králíky (Grulich)
1003
Býšť
Borohrádek
Vamberk
Žamberk
46
v.n. Pastviny
Suchý vrch
995
Potštejn
Přestavlky
Divoká Orlice
Jablonné n. Orlicí
Červená Voda
Ruda n. Moravou
Holice
Horní Jelení
Tichá Orlice
České Libchavy
Letohrad
Dolní Dobrouč
Bukovice
83
E442
Choceň
Jaroslav
Lanšperk
Horní Čermná
Olšany
Hrádek
Ústí n. Orlicí
Štíty
Loučná
Stradouň
Svatý Mikuláš
Chotěšiny
Česká Třebová
Ostrov
Svébohov
714
Lázek
Zábřeh
Hrochův Týnec
25
Vysoké Mýto
Sloupnice
Lanškroun (Landskron)
Tatenice
Hoštejn
Chrast
Luže
Cerekvice n. Loučnou
40
Litomyšl
53
43
Třebovice
Krasíkov
Zvole
Košumberk
Libečina
Nové Hrady
Osík
Mendryka
Krchleby
Louka
Skuteč
Rychmburk
Dolní Újezd
Čistá
Opatov
Opatovec
Rychnov
Staré Město
Mohelnice
Ležáky
Dřeveš
Proseč
Javorník
Moravská Třebová (Mährisch Trübau)
39
149
Krouna
58
Leznik
Svitavy (Zwittau)
Městečko Trnávka
Bouzov
Hlinsko
Borová
Karlštejn
Hradec n. Svitavou
Pohledy
Cimburk
Javoříčko
Polička
Pomezí
Radiměř
148
Křenov
Chornice
Žďárské vrchy
Svratka
Heraltec
Devět skal
836
Sněžné
Borovice
Rohozná
Lavičné
Brněnec
Jevíčko
Jaroměřice
Vojnův Městec
Jimramov
Bystré
Velké Opatovice
31
Škrdlovice
20
Tři Studně
Stojanov
Nyklovice
Cetkovice
Šebetov
Žďár n. Sáz.
572
Nové Město na Moravě
v.n. Vír I
Vír
Olešnice
Křetín
E461
Letovice
Sázava
Rovné
Bystřice n. Pernštejnem
Rožšeč n. Kunšt.
Blanických rytířů
Svitávka
Skalky
735
Boskovice
Hlinné
Radeštínská Svratka
Kunštát
Žďárná
Nové Veselí
Zvole
51
Štěpánov n. Svrat.
Němčice
663
Ostrov n. Oslavou
Bobrová
Dolní Rožínka
Nedvědice
Bedřichov
Sloup
Radostín n. Osl.
130
122
Strážek
Lysice
Rájec-Jestřebí
Sloupsko-Šošůvské jeskyně
Olší
Černá Hora
Ostrov u Macochy
Macocha
138
Černá
Netín
Bory
Lomnice

D
E
F
10 km
POLSKA
Tułowice
Prószkowska
Proszków
Kąty Opolskie
Rogów Opolski
Gogolin
Krapkowice
Strzeleczki
Żywocice
Odra
Dolne
Szklary
Chróścina
Skoroszyce
Grabin
Sidzina
Jaszów
Łambinowice
Sowin
Przechód
Kamiennik
Biechów
Pakosławice
Jasienica Dolna
Smolarnia
Karłowice Wielkie
Grądy
Janowa
Korfantów
Pogórze
Łącznik
Samowice
NYSA
(NEISSE)
Włodary
Rynarcice
Dębina
Kujawy
Żużela
Otmuchów
Ścinawa Nyska
Pisarzowice
Mechnica
J. Głębinowskie
Wierzbięcice
Bukow
Koperniki
Śmicz
Biała
Błażejowice
Rozkochów
Walce
Większyce
Przełęk
Stary Las
Dolne
Wierzch
Głogówek
Twardawa
Łąka
Rudziczka
Laskowice
Racławice Śląskie
Zwiastowice
Łężce
Kałków
Jarnołtów
Nowy Świętów
Płaskowyż Głubczycki
Vidnava
Sławniowice
Głuchołazy
Wierzbiec
Prudnik
Kazimierz
Gościęcin
Łąka Prudnicka
Krzyżkowice
Klisino
Pawłowice
Velké Kunětice
Jarnołtówek
Trzebina
Lisięcice
jeskyně Na Špičáku
Mikulovice
Konradów
Podlesie
Pokrzywna
Osoblaha
Pomorzowiczki
Grudynia Mała
Studnický
Bohušov
Jindřichov
Głubczyce
889
Zlaté Hory
Dziećmarowy
992
Jeseník
(Freiwaldau)
Orlí vrch
Dolní Údolí
Slezské Rudoltice
Szczyty
Lipová-lázně
Hermanovice
Rowne
Baborów
1351
Šerák
870
Holčovice
Město Albrechtice
Bogumiłów
Krowiarki
759
Orlík 1204
Domašov
Opavice
Pietrowice
Żubrzyce
Włodzienin
Kietrz
Hrubý Jeseník
Jeseníky
Vrbno p. Pradědem
KRNOV
(JÄGERNDORF)
Bliszczyce
Nowa Cerekwia
Praděd
1491
Vidly
Karlovice
Michałkowice
Dzierżysław
Kouty n. Desnou
Karlova Studánka
Široka Niva
Uvalno
Branice
Nasiedle
Ściborzyce Wielkie
Loučná n. Desnou
Světlá
Nové Heřmínovy
Skrochovice
Pilszcz
Mala Morávka
Bruntál
(Freudenthal)
Lichnov
Velké Heraltice
Wiechowice
Sobotín
Svobodné Heřmanice
Štěbořice
OPAVA
(TROPPAU)
Horní Benešov
ŠUMPERK
(MÄHR. SCHÖNBERG)
Rýmařov
(Römerstadt)
Malá Stáhle
Hlavnice
Nový Dvůr
Litultovice
Hrabišín
Nova Plan
Leskovec n. Moravicí
Děšné
Mikolajice
Radun
Hradec n. Moravicí
Oskava
Břidličná
Vel. Rudná
Hlubočec
Libina
Rešovské vodopády
Kružberk
Melč
Dolní Libina
Dětřichov n. Bystřicí
Dvorce
Vikštejn
Skřipov
Dlouhá Loučka
Sovinec
Budišov n. Budišovkou
Svatoňovice
Březová
Troubelice
Huzová
Moravský Beroun
(Bärn)
Stará Libavá
Vítkov
Bílovec
(Wagstadt)
Paseka
Nízký Jeseník
Uničov
Chabičov
Klokočůvek
Fulnek
(Fulneck)
Mladějovice
Litovelské Pomoraví
Město Libavá
641
Jakubčovice
Pňovice
Šternberk
(Sternberg)
Strážná
Suchdol n. Odrou
Hnojice
Odry
Mladeč
Litovel
Štěpánov
Bohuňovice
Hrubá Voda
Oderské vrchy
Potštát
Veselský kopec 557
Jeseník n. Odrou
Slavětín
Dolany
Hlubočky
Fidlův kopec
680
Bělotín
OLOMOUC
(OLMÜTZ)
Senice na Hané
Kopeček
Velká Bystřice
Olšovec
Dub
Moravská brána
Náměšť na Hané
Těšetice
Hodolany
Holice
Velký Újezd
Loučka
Drahotuše
Hranice
Hustopeče n. Beč.
Laškov
Velký Týnec
Lipník n. Beč.
Hůrka
Teplice n. Beč.
Čechy p. Kosířem
Lutín
Tršice
Dolní Újezd
Zbrašovské aragonit. jeskyně
Kozušany
Krčmaň
Osek n. Beč.
Týn n. Bečvou
Helfštýn
Opatovice
Kelč
Olšany u Prost.
Kostelec na Hané
Kokory
Prosenice
Býškovice
Branky
PROSTĚJOV
Brodek u Přerova
PŘEROV
Loučka
Vícov
Dub n. Mor.
Želatovice
Juhyně
Zubříč
Bystřička
Plumlov
Václavovice
Bečva
Horní Moštěnice
Dřevohostice
Bystřice p. Hostýnem
Troubky
Určice
Tovačov
Prusinovice
Hostýn 735
Čerňava
844
Myslejovice
Klenovice na Hané
Rikovice
Hostýnské vrchy
Stříbrná 551
Otaslavice
Podivice
Dobromilice
Kojetín
Rymice
Rusava
Držková
Host'álková
Brodek u Prost.
Němčice
Hulín
Holešov
Prádla
Liptál

131

123
124
131
A
B
C
KRNOV
(JÄGERNDORF)
Bruntál
(Freudenthal)
Rýmařov
(Römerstadt)
OPAVA
(TROPPAU)
Horní Benešov
Vítkov
Bílovec
(Wagstadt)
Fulnek
(Fulneck)
Odry
NOVÝ JIČÍN
Šternberk
(Sternberg)
Litovel
OLOMOUC
(OLMÜTZ)
Hranice
Lipník n. Beč.
PROSTĚJOV
PŘEROV
Bystřice p. Hostýnem
Holešov
Hulín
KROMĚŘÍŽ
ZLÍN
Otrokovice
Napajedla
Luhačovice
UHERSKÉ HRADIŠTĚ
Uherský Brod
Kyjov
Veselí n. Moravou
Strážnice
Uherský Ostroh
Vizovice
VALAŠSKÉ MEZIŘÍČÍ
Nízký Jeseník
Oderské vrchy
Hostýnské vrchy
Bílé Karpaty
Kroměříž
Moravský Beroun
Budišov n. Budišovkou
Hradec n. Moravicí
Kravaře
Studénka
Kojetín
Chropyně
Tovačov
Ivanovice na Hané
Bučovice
Buchlovice
Koryčany
Veselí
Hluk
Bojkovice
Slavičín
E442
E462
E50

POLSKA
SLOVENSKÁ REPUBLIKA
10 km
WODZISŁAW ŚL.
JASTRZĘBIE-ZDRÓJ
PSZCZYNA
CZECHOWICE-DZIEDZICE
BIELSKO-BIAŁA
ŻYWIEC
CIESZYN
Skoczów
Ustroń
Wisła
Bystra
Szczyrk
Brenna
Istebna
Koniaków
Jaworzynka
Zwardoń
Milówka
Węgierska Górka
Rajcza
Ujsoły
Rydułtowy
Pszów
Radlin
Świerklany
Górne
Żory
Marklowice
Borynia Dolna
Warszowice
Mizerów
Poręba
Goczałkowice-Zdrój
Miedźna
Brzeszcze
Wilamowice
Kęty
Bestwina
Kozy
Jaworze
Wilkowice
Rybarzowice
Lipowa
Mszana
Gorzyce
Moszczenica
Godów
Zebrzydowice
Strumień
Chybie
Rudzica
Jasienica
Pruchna
Kończyce Wielkie
Dębowiec
Hażlach
Goleszów
Lipowiec
Jezioro Goczałkowickie
Wisła Wielka
Pawłowice
Zbytków
Drogomyśl
Bielowicko
BOHUMÍN
KARVINÁ
ORLOVÁ
HAVÍŘOV
Český Těšín (Teschen)
TŘINEC
FRÝDEK-MÍSTEK
Frýdlant n. Ostravicí
Frenštát p. Radhoštěm
Jablunkov
Bystřice
Oldřichovice
Hnojník
Dobrá
Baška
Morávka
Vratimov
Paskov
Šenov
Petřvald
Stonava
Rychvald
Petrovice
Otrębow
Hukvaldy
Kozlovice
Ostravice
Horní Lomná
Mosty u Jablunkova
Jablunkovský průsmyk
Bukovec
Nýdek
Řeka
Tyra
Trojanovice
Zemřelov
Vrchpredmier
Staré Hamry
Beskydy
Moravskoslezské Beskydy
Slezské Beskydy
Beskid Śląski
Beskid Żywiecki
Rožnovská Bečva
Horní Bečva
Velké Karlovice
Karolinka
Halenkov
Nový Hrozenkov
Stanovnice
Velký Javorník
ČADCA
Skalité
Svrčinovec
Raková
Oščadnica
Staškov
Klokočov
Turzovka
Makov
Zákopčie
Krásno n. Kysucou
Dlhá n. Kysucou
Vyšný Koniec
Ochodnica
Nesluša
Kysucký Lieskovec
Stará Bystrica
Nová Bystrica
KYSUCKÉ NOVÉ MESTO
Kysuce
Rudinka
Dlhé Pole
Veľké Rovné
Divina
Svederník
Kolárovice
Podjavorník
ŽILINA (SILLEIN)
Lutiše
Horný Vadičov
Terchová
Belá
Varín
Strečno
Vrátna
Malá Fatra
Veľký Kriváň
Národný park Malá Fatra
BYTČA
Predjastrabie
Papradno
Štiavnik
Lietavská Závadka
Súľovské skaly
Súľov
Rosina
POVAŽSKÁ BYSTRICA
Manínska tiesňava
Rajecké Teplice
Rajec
Kamenná Poruba
Bystrička
MARTIN
Sučany
Horná Jaseň
Púchov
Beluša
Lednické Rovne
Dolná Mariková
Horná Mariková
Udiča
Zubák
Lysá p. Makytou
Vršatské Podhradie
Ladce
Pružina
Košeca
Ilava
Dubnica n. Váhom
Nová Dubnica
Trenčianske Teplice
TRENČÍN
Horné Srnie
Mojtín
Čičmany
Fačkovské sedlo
Fačkov
Domaniža
Prečín
Ďurčina
Vrícko
Kláštor p. Znievom
Príbovce
Belá-Dulice
Blatnica
Blatnický hrad
Mošovce
Turčianske Teplice
Slovenské Pravno
Kľačno
Nitrianske Pravno
Čavoj
Valaská Belá
Dolná Poruba
Čierna Lehota
Horné Motešice
Závada p. Čiernym vrch.
Krásna Ves
PRIEVIDZA
Nemcovo
Sklené
Dolný Turček
Horná Štubňa
Harmanecká jaskyňa
Harmanec
Kordíky
Dubové
Diviaky
Strážov
Magura
Nitra

118
Kemnath
Erbendorf
Neustadt
Naturpark Hessenreuther u. Mantelер Wald mit Parkstein
Pressath
Speinshart
Eschenbach
Kirchenthumbach
Grafenwöhr
Falkenberg
Krummennaab
Windischeschenbach
Schönficht
Plößberg
Neustadt a. d. Waldnaab
Altenstadt
Floß
Flossenbürg
Bärnau
Hohenthan
Altglashütte
Tachov (Tachau)
Lesná
Marchaney
Halže
Kočov
Ušava
Mlýnec
Rozvadov (Roßhaupt)
Přimda
Kateřina
WEIDEN
Parkstein
Schwarzenbach
Oberpfalz
Hütten
Kaltenbrunn
Mantel
Letzau
Waldthurn
Pleystein
Waidhaus
Dimpfl
Brunst
Naturpark
Rothenstadt
Weiherhammer
Vohenstrauß
Eslarn
Železná
Freihung
Vilseck
Groß schönbrunn
Hirschau
Luhe-Wildenau
Leuchtenberg
Moosbach
Oberpf. Wald
Großenschwand
Tännesberg
Trausnitz
Pullenried
Schönsee
Schwarzach
Tiefenbach
Rybník
Hahnbach
Gebenbach
Schnaittenbach
Wernberg-Köblitz
Pfreimd
Sulzbach-Rosenberg
Freudenberg
Kemnath a. Buchbg.
Naturpark
Nabburg
Oberviechtach
Niedermurach
Oberpfälzer
AMBERG
Schmidgaden
Altendorf
Winklarn
Treffelstein
Kümmersbruck
Fensterbach
Ursensollen
Theuern
Schwarzenfeld
Zangenstein
Wald
Neunburg
Rötz
Waldmünchen
Schönthal
Gleißenberg
Garsdorf
Pittersberg
Ensdorf
Schwandorf
Fuhrn
Wackersdorf
Grafenkirchen
Neukirchen-Balbini
Bodenwöhr
Naturpark
Hohenburg
Dachelhofen
Steinberg
Stamsried
Schmidmühlen
Bubach a.d. Naab
Teublitz
Bruck
Oberer
Cham
Burglengenfeld
Hohenfels
Maxhütte-Haidhof
Nittenau
Regen
Walderbach
Roding
Rohrbach
Kallmünz
Zell
Schorndorf
Michelsneukirchen
Duggendf.
Steinsbg.
Regenstauf
Wolfsegg
Schillertswiesen
Falkenstn.
Konzell
Zeitlarn
Altenthann
Laaber
Hemau
Pielenhfn.
Wenzenbach
Zinzenzell
Frauenzell
Stallwang
Wiesenfelden
Nittendf.
Deuerling
Donaustauf
Walhalla
Sulzbach
Wiesent
REGENSBURG
Painten
Barbing
Wörth a. d. Donau
Ascha
Mitterfels
Sinzing
Obertraubling
Pfatter
Mintraching
Kirchroth
Steinach
Ihrlerstein
Kapfelbg.
Bad Abbach
Poign
Alteglofsheim
Schönach
Parkstetten
Kelheim
Saal
Weltenburg
Dünzling
Aufhausen
Sünching
Rain
STRAUBING
Hausen
Teuerting
Schierling
Uterdeggenbach
Perkam
Alburg
Aiterhofen
Neustadt a.d. Donau
Abensberg
Langquaid
Geiselhöring
Salching
Offenstetten
Biburg
Mallersdorf-Pfaffenberg
Laberweinting
Hainsbach
Leiblfing
Mühlhsn.
Siegenburg
Rohr
DEUTSCHLAND
Neufahrn
Hofkchn.
Mengkofen
Hailing
Groß-köllnbach
Ganacker
Pilsting
Wildenberg
Gisseltshausen
Inkofen
Bayerbach
Moosthenning
Rottenburg
Ergoldsbach
Walkertshfn.
Weng
Postau
10 km
Pfeffenhsn.
Hohenthann
126
Dingolfing
Mainburg
Gr.-Gundertshsn.
Deutsche Ferienroute Alpen-Ostsee
Wörth
Ndr.-Viehbach
Volkenschwand
Griesbach
Isar
Essing
Prunn
Laimerstadt

119
127
D
E
F
PLZEŇ
(PILSEN)
Třemošná
Zruč
Břasy
Radeč
Chotěřín
Černošín
Pernarec
Město Touškov
Rokycany
Holoubkov
Mýto
Oleśná
Strašice
Stříbro
(Mies)
Kladruby
Benešovice
Vejprnice
Kozolupy
Nýřany
Tlučná
Line
Zbůch
Chotěšov
Štěnovice
Starý Plzenec
Hrádek
Mirošov
Šťáhlavy
Dobřív
Nezvěstice
Spálené Poříčí
Borovno
Rožmitál
Stod
Dobřany
Dnešice
Holýšov
Merklin
Přeštice
Vodokrty
Nebílovy
Blovice
Nové Mitrovice
Radošice
Čečovice
Staňkov
Horšovský Týn
(Bischofteinitz)
Koloveč
Křenice
Švihov
Skašov
Měčín
Nepomuk
Kasejovice
Lnáře
Chudenice
Dolany
Předslav
Potenštejn
Neurazy
Domažlice
(Taus)
Klatovy
(Klattau)
Plánice
Ždár
Defurovy Lažany
Velký Bor
Pačejov
Horažďovice
Kdyně
Pocinovice
Česká-Kubice
Všeruby
Janovice n. Uhlavou
Strážov
Běšiny
Kolinec
Nalžovské Hory
Rabí
Prácheň
Nýrsko
(Neuern)
Eschlkam
Neukirchen
Svatá Kateřina
Velhartice
Borek
Petrovice
Sušice
(Schüttenhofen)
Kraselov
Soběšice
Želenov
Hohenwarth
Engelshütt
Javorná
Hojsova Stráž
Kašperk
Strašín
Čestice
Dobrš
Vacov
Kötzting
Lam
Lohberg
Gr. Osser
Špičák
Pancíř
Hartmanice
Železná Ruda
(Markt Eisenstein)
Rejštejn
(Bergreichenstein)
Kašperské Hory
Stachy
Arnbruck
Gr. Arber
Drachselsried
Bayer. Eisenstn.
Spálený
Srní
Vatly
Zdíkov
Prackenbach
Viechtach
Kl. Arber
Gr. Falkenstein
Národní park
Bodenmais
Zwiesel
Teisnach
Patersdf.
Langdf.
Modrava
Kvilda
Borová Lada
Regen
Frauenau
Gr. Rachel
Černá hora
Ruhmannsfelden
Rinchnach
Weißenstein
Klingenbrunn
Nationalpark Bayer. Wald
Waldhäuser
Lusen
Finsterau
Strážný
Gotteszell
Bischofsmais
Kirchdorf
Spiegelau
St. Oswald-Riedlhütte
Mauth
Philippsreut
Bischofsreut
Bernried
Grafling
Egg
Breitenauer Riegel
Kirchbg.
Eppenschlag
Hohenau
Metten
Lalling
Schöfweg
Grafenau
Freyung
Grainet
Haidel
Deggendorf
Schönberg
Brotjacklriegel
Haus i. W.
Waldkchn.
Altreichenau
Stephansposching
Plattling
Auerbach
Hengersberg
Zenting
Saldenbg.
Röhrnbach
Tittling
Schöllnach
Niederalteich
Langenisarhfn.
Aholming
Winzer
Iggensbach
Eging
Fürstenstein
Fürsteneck
Außernbrünst
Jandelsbrunn
Buchhofen
Osterhofen
Künzing
Aicha v. Wald
Neukchn.
Hauzenberg
Sonnen
Vilshofen
Pleinting
Windorf
Ruderting
Buchlbg.
Salzweg
Thyrnau
Eichendorf
Kröhstorf
Aldersbach
PASSAU
Untergriesbach
Wegscheid
Obernzell
Freundf.

120
Hořovice
Komárov
Jince
Olešná
Zaječov
Obecnice
Hluboš
Dobříš
Rosovice
Stará Huť
Nový Knín
Slapy
Chotilsko
v. n. Slapy
Neveklov
Konopiště
Benešov
Oboříště
Drevníky
Čelina
Krňčovice
Maršovice
Bystřice
Postupice
Višňová
Chlum
Osečany
Červený Hrádek
Vrchotovy Janovice
Olbramovice
PŘÍBRAM
Svatá Hora
Dolní Hbity
Obory
Nečín
Dublovice
Kosova Hora
Sedlčany
Votice
Jankov
Bohutín
Vysoká u Příbr.
Milín
Maková Hora
Kamýk n. Vlt.
Vrškamýk
Solenice
Vysoký Chlumec
Heřmaničky
Neustupov
Praha
Rožmitál p. Třemšínem
Tochovice
Krásná Hora
Vysoký Chlumec
Zvěřinec
Sedlec-Prčice
Miličín
Tušovice
Pteč 633
Milešov
Bratřejov
Skalka 692
Těmice
Březnice
Rožfolov
Zalužany
Zahořany
Petrovice
Sudoměřice u Tábora
Mirovice
Orlík n. Vlt.
v. n. Orlík
Kovářov
Chyšky
Nadějkov
Hvožďany
Bělčice
Kostelec n. Vlt.
Jistebnice
Chotoviny
Čimelice
Hrejkovice
Milevsko
Dražice
TÁBOR
Paštiky
Myštice
Mirotice
Blatná
Zvíkov
Dolní Ostrovec
Kučeř
Zvíkovské Podhradí
Sepekov
Oltyně
Příběnice
Lom
Červená
Opařany
Sezimovo Ústí
Sedlice
Čertova h. 528
Podolí
Bernartice
Malšice
Planá
Bor
Čížová
Otava
Horní Záhoří
Slabčice
Lužnice
Třebohostice
Kluky
Želeč
Bechyně
Radomyšl
PÍSEK
Dražič
Sudoměřice u Bechyně
Katovice
Strakonice
Stará Dobev
Putim
Stěkeň
Tálin
Albrechtice n. Vltavou
Koloděje n. Lužnicí
Vlastiboř
Dráchov
Březnice
Ražice
Myšenec
Týn n. Vltavou
Borkovice
Cehnice
Radovec 635
Drahonice
Protivín
Blanice
Temelín
Modrá Hůrka
Dolní Bukovsko
Volyně
Čepřovice
Helfenburk
Vodňany
Dříteň
Čičenice
Purkarec
Hrádek
Horusice
Sevětín
Čkyně
Bavorov
Lomec
Oleśnik
Skopolec 527
Lomnice n. Lužnicí
Vlachovo Březí
Strunkovice n. Blanicí
Kratochvíle
Zliv
Hluboká n. Vltavou
Kolný
Vimperk (Winterberg)
Bělčec
Husinec
Netolice
Pištín
Hosín
Lišov
Slověnice
Štěpánov
Prachatice (Prachatitz)
Záblatí
ČESKÉ BUDĚJOVICE (BUDWEIS)
Lhenice
Zaboří
Dubné
Rudolfov
Zvíkov
Boubín 1362
Horní Vltavice
Libín 1096
Blanský
Homole
Ledenice
Hus
Kaplice
Smědeč
Brloh
les
Kamenný Újezd
Strážkovice
Borovany
Lenora
Volary (Wallern)
Křišťanov
Křemže
Trocnov
Ondřejov
Kleť 1083
Zlatá Koruna
Římov
v. n. Římov
Trhové Sviny
Bischofsreut
Šumava
Chlum
Knížecí stolec 1226
Chvalšiny
Věvrpčí
Želnava
Kájov
Český Krumlov (Krumau)
Besednice
Nové Hrady
Žumberk
Haidmühle
Polná
Horní Planá (Oberplan)
Větřní
Kaplice (Kaplitz)
Plöckenstein
Hořice na Šumavě
Černá v Pošumaví (Schwarzbach)
Schwarzenberg
vodní nádrž Lipno
Novohradské hory
Malonty
Breitenbg.
Klaffer am Hochficht
Bärenstein 1076
Rožmberk n. Vltavou
Dolní Dvořiště (Unter Haid)
Sonnen
Ulrichsberg
Aigen
Frymburk
Lipno n. Vltavou
Wullowitz
Leopoldschlag Markt
Mühlviertel Weberei
Schlägl
Horní Dvořiště
Windhaag
Peilstein
St. Oswald
Loučovice
Vyšší Brod (Hohenfurth)
Kollerschlag
Rohrbach
Haslach
Rainbach
Freistadt
128

121
Vlašim
Zruč n. Sáz.
Třebětín
Kynice
Ledeč n. Sáz.
Světlá n. Sázavou
Skuhrov
Rozsochatec
Chotěboř
Ždírec n. Doubr.
Trhovy Štěpanov
Hněvkovice
Kožlí
Lučice
HAVLÍČKŮV BROD
(DEUTSCH BROD)
Česká Bělá
Havlíčkova Borová
Zdislavice
Keblov
Dolní Kralovice
Dolní Město
Krásná Hora
Přibyslav
Čechtice
Čáslavsko
Růžkový Lhotice
Kejžlice
Lipnice n. Sáz.
Vež
Lipa
Šlapanov
Brzkov
Nížkov
Naceradec
Senožaty
Humpolec
Herálec
Úsobí
Stoky
Poděšín
Vilice
Lukavec
Košetice
Křelovice
Hořepník
Želiv
Červená Řečice
Komorovice
Větrný Jeníkov
Dobronín
Polná
Blažkov
Bohdalov
Těchobuz
Pacov
Myslotín
Jihlava
Stáj
Četoraz
Prasetín
Obrataň
Leskovice
Čížkov
Pelhřimov
Vyskytná
Velký Beranov
JIHLAVA
(IGLAU)
Kámen
Nová Cerekev
Rynarec
Nový Rychnov
Luka n. Jihlavou
Kamenice
Hroby
Lidmaň
Ústrašín
Letny
Dolní Cerekev
Kostelec
Rančířov
Černovice
Božejov
Horní Cerekev
Jezdovice
Vílanec
Rokštejn
Bransouze
Mlýny
Častrov
Batelov
Brtnice
Bohdalín
Nová Ves
Třešť
Stonařov
Kněžice
Mnich
Kamenice n. Lipou
Počátky
Kaliště
Roštejn
Hodice
Střeliště
Okrouhlá Radouň
Deštná
Žirovnice
Pavlov
Dl. Brtnice
Okříšky
Červená Lhota
Nová Včelnice
Javořice
Štemberk
Opatov
Heraltice
Lodhéřov
Dolní Radouň
Popelín
Panské Dubenky
Mrákotin
Urbanov
Předín
Jarošov n. Nežárkou
Studená
Telč
Stará Říše
Čáslavice
Kardašova Řečice
Děbolín
Strmilov
Nová Říše
Želetava
Šebkovice
Jindřichův Hradec
(Neuhaus)
Ratiboř
Heřmaneč
Řečice
Kunžak
Volfířov
Hříšice
Krasonice
Lesonice
Hatín
Horní Pěna
Člunek
Markvarec
Dačice
Budíškovice
Domamil
Litohoř
Stráž n. Nežárkou
Lásenice
Číměř
Klenová
Český Rudolec
Chotěbudice
Budkov
Dědice
Nový Vojířov
Matějovec
Landštejn
Cizkrajov
Jemnice
Třebelovice
Střibřec
Nová Bystřice
(Neu-Bistritz)
Staré Město p. Landštejnem
Slavonice
(Zlabings)
Staré Hobzí
Radotice
Police
Dešov
Haugschlag
Grametten
Písečné
Dešná
Vysočany
Bítov
Suchá hora
Chlum u Třeboně
Litschau
Kautzen
Schönfeld
Rancířov
Cornštejn
Eisgarn
Dobersbg.
Weikertschlag
Vratěnín
Oberthürnau
Frejštejn
Safov
Suchdol n. Lužnicí
Rapšach
Heidenreichstein
Waldviertler Textilstr.
Thaya
Karlstein a.d. Thaya
Raabs
Drosendorf
Langau
Zissersdf.
Halámky
Waidhofen a.d. Thaya
Wieninger-B.
Groß-Siegharts
Geras
Oberhöflein
Neunagelberg
Schrems
České Velenice
ÖSTERREICH
Vitis
Göpfritz a.d. Wild
Irnfritz-Messern
Pernegg
Sigmundsherberg
Pyhrabruck
Gmünd
Schwarzenau
Kirchberg am Walde
Allentsteig
Brunn a.d. Wild
Horn
Maria Dreieich
Weitra
Großglobnitz
Greillenstn.
Wörnharts
Schweiggers
Neupölla
Fuglau
Altenburg
Rosenburg
Groß-schönau
Stift Zwettl
Döllersheim
St. Martin
Bad Großpertholz
Zwettl
Wegscheid
Gars
Ottenstein
Krumau am Kamp
Rosenau
Friedersbach
Rastenfeld
10 km
Karlstift
Groß-Gerungs
Merzenstn.
Stiefern
Naturpark Kamptal
Lang-schlag
Groß weiße
Marbach im Felde
Gföhl
Rappottenstein
Liebenau
Grafen-schlag
Loiwein
Langen-
129

122
Černá
Meřín
Velké Meziříčí
Uhřinov
Rudíkov
Čechtín
Budišov
Trnava
Vladislav
Třebíč
Stařeč
Výčapy
Lipník
Mysliboříce
Jaroměřice n. Rokytnou
Přišťpno
Moravské Budějovice
Hostim
Pavlice
Zálesí
Šumná
Vranov
Znojmo
(Znaim)
Hardegg
Riegersburg
Nationalpark Thayatal
Waschbach
Niederfladnitz
Weitersfeld
Retz
Pulkau
Schrattental
Eggenburg
Harmannsdf.
Maissau
Ravelsbach
Hohenwarth
Heldenberg
Hadersdorf am Kamp
Kirchberg am Wagram
Grafenegg
Grafenwörth
Traismauer
Gutenbrunn
Kapelln
Wasserburg
Murstetten
Böheimkchn.
Neulengbach
Purkersdorf
Preßbaum
Tulln
Stockerau
Korneuburg
Klosterneuburg
Wien
Floridsdorf
Aspern
Großenzersdf.
Langenzersdf.
Deutsch Wagram
Wolkersdf.
Gänserndf.
Mistelbach
Poysdorf
Wilfersdf.
Herrnbaumgarten
Falkenstein
Laa a. d. Thaya
Mikulov
(Nikolsburg)
Drasenhofen
Hustopeče
Pohořelice
Ivančice
Rosice
Moravský Krumlov
Brno
(Brünn)
Slavkov
Šlapanice
Modřice
Rajhrad
Židlochovice
Hrušovany u Brna
Střelice
Oslavany
Náměšť n. Oslavou
Velká Bíteš
Tišnov
Kuřim
Veverská Bítýška
Blansko
Adamov
Bílovice n. Svit.
Lomnice
Deblín
Hollabrunn
Haugsdorf
Mailberg
Großharras
Stronsdorf
Ernstbrunn
Leiser Berge
Naturpark Leiser Berge
Weinviertel
Österreich
Asparn a.d. Zaya
Staatz
Neudorf
Hrádek
Jaroslavice
Kleinhaugsdorf
Hevlin
Dyje
Thaya
Donau
Mailberg
Weinstr. Matzner Hügel
Nationalpark Donau
130

Kojetín
Chropyně
Hulín
Rymice
Nemčice nad Hanou
Bezměrov
Kroměříž
Zlobice
Nezamyslice
Ivanovice na Hané
Vyškov
Drnovice
Pustiměř
Dobromilice
Otaslavice
Brodek u Prost.
Podivice
Rataje
Zborovice
Tlumačov
Kvasice
Otrokovice
Zlín
Fryšták
Hvozdná
Račková
Slušovice
Vizovice
Zádveřice
Loučka
Malenovice
Tetov
Bohuslavice
Dolní Lhota
Luhačovice
Slavičín
Bojkovice
Pačlavice
Orlovice
Morkovice-Slížany
Zdounky
Bohdalice-Kozlany
Hradisko
Litenčice
Roštín
Brdo 587
Halenkovice
Napajedla
Traplice
Březolupy
Doubravy
Letonice
Brankovice
Bučovice
Nesovice
Střílky
Velehrad
Huštěnovice
Bílovice
Nížkovice-Heršpice
Koryčany
Cimburk
Buchlov
Buchlovice
Uherské Hradiště
Sady
Hradčovice
Šumice
Uherský Brod
Bánov
Ždánice
Osvětimany
Boršice u Buchlovic
Nedakonice
Ostrožská Nová Ves
Vlčnov
Nivnice
Archlebov
Dambořice
Bohuslavice
Ježov
Polešovice
Hluk
Dolní Němčí
Starý Hrozenkov
Stražovice
Kyjov
Moravský Písek
Uherský Ostroh
Slavkov
Korytná
Březová
Vlkoš
Bzenec
Veselí n. Moravou
Blatnice
Karpaty
Svatobořice-Mistřín
Krumvíř
Vracov
Boršice u Blatnice
Strání
Šardice
Milotice
Vacenovice
Vnorovy
Hroznová Lhota
Velká n. Veličkou
Čejč
Hovorany
Dubňany
Ratiškovice
Strážnice
Kněždub
Velká Javořina 970
Kobylí
Mutěnice
Rohatec
Nová Lhota
Čejkovice
Sudoměřice
Moravské Lieskové
Hodonín
Skalica
Lubina
Velké Bílovice
Lužice
Vrbovce
Stará Turá
Moravský Žižkov
Holíč
Myjava
Břeclav
Mikulčice
Radošovce
Rudník
Moravská Nová Ves
Kopčany
Častkov
Sobotište
Čachtický hrad
Čachtice
Kostice
SLOVENSKÁ REP.
Unín
Smrdáky
Bukovec
Štefánikova mohyla 543
Podolie
Lanžhot
Gbely
Petrova Ves
Senica
Pietrž
Prašník
Dojč
Brezová p. Bradlom
Brodské
Kúty
Klenová 585
Vrbové
Piešťany
Borský Mikuláš
Borský Svätý Jur
Šaštín-Stráže
Dobrá Voda
Hohenau
Jablonica
Dobrovodský hrad
Chtelnica
Malé
Lakšárska Nová Ves
Moravský Svätý Ján
Korlátka 470
Dechtice
Veselé
Prievaly
Studienka
Plavecký Mikuláš
Trstín
Naháč
Kátlovce
Závod
Ringelsdorf
Drösing
Veľké Leváre
Smolenický kras
jaskyňa Driny
Smolenice
Dolná Krupá
Kostoľany
Jaslovské Bohunice
Plavecký hrad
Plavecké Podhradie
Jedenspeigen
Gajary
Rohožník
Boleráz
Dolné Orešany
Malženice
Šúrovce
Sološnica
Selpice
Špačince
Bučany
Kostolište
Malacky
Vysoká 754
Kuchyňa
Červený Kameň
Častá
Suchá n. Parnou
Brestovany
Jakubov
Trnava (Tyrnau)
Záhorská Ves
Pernek
Modra
Budmerice
Hrnčiarovce
Angern
Zwerndorf
Vysoká pri Morave
Lozorno 621
Báhoň
Cífer
Majcichov
Zohor
Pezinok
Šenkvice
Voderady
Sereď
Veľká Mača
Marchegg
Stupava
Biely Kameň
Viničné
Blatné
Čataj
Pusté Úľany
Záhorská Bystrica
Svätý Jur
Slovenský Grob
Senec
Sládkovičovo
Galanta
Bratislava
Kráľová pri Senci
Dedinka pri Dunaji
Hrubý Šúr
Veľké Úľany
Mostová
Lassee
Schloßhof
Devínska Nová Ves
Lamač
Rača
Ivanka pri Dunaji
Devín
Jelka
Hainburg
Zlaté Klasy
Malý Dunaj
Morava
Dyje
Thaya
March
Váh
Dudváh
Trnávka
Parná
Myjava
Olšava
Drevnice
E462
E65
E75
E50
E57
E58
D2
D61
10 km

124

MARCO POLO

Für Ihre nächste Reise gibt es folgende Titel:

Deutschland

Allgäu
Amrum/Föhr
Bayerischer Wald
Berlin
Bodensee
Chiemgau/ Berchtesgaden
Dresden
Düsseldorf
Eifel
Erzgebirge/Vogtl.
Franken
Frankfurt
Hamburg
Harz
Heidelberg
Köln
Leipzig
Lüneburger Heide
Mark Brandenburg
Mecklenburgische Seenplatte
Mosel
München
Nordseeküste: Schleswig-Holst.
Oberbayern
Ostfries. Inseln
Ostfriesland: Nordseeküste Niedersachsen
Ostseeküste: Mecklenburg-Vorpommern
Ostseeküste: Schleswig-Holst.
Pfalz
Potsdam
Rügen
Schwarzwald
Spreewald/Lausitz
Stuttgart
Sylt
Thüringen
Usedom
Weimar
Die besten Weine in Deutschland
Die tollsten Musicals in Deutschland

Frankreich

Bretagne
Burgund
Côte d'Azur
Disneyland Paris
Elsass
Frankreich
Frz. Atlantikküste
Korsika
Languedoc-Roussillon
Loire-Tal
Normandie
Paris
Provence

Italien Malta

Capri
Dolomiten
Elba
Emilia-Romagna
Florenz
Gardasee
Golf von Neapel
Ischia
Italien
Italien Nord
Italien Süd
Ital. Adria
Ital. Riviera
Mailand/ Lombardei
Malta
Oberital. Seen
Piemont/Turin
Rom
Sardinien
Sizilien
Südtirol
Toskana
Umbrien
Venedig
Venetien/Friaul

Spanien Portugal

Algarve
Andalusien
Azoren
Barcelona
Costa Blanca
Costa Brava
Costa del Sol/ Granada
Fuerteventura
Gomera/Hierro
Gran Canaria
Ibiza/Formentera
Lanzarote
La Palma
Lissabon
Madeira
Madrid
Mallorca
Menorca
Portugal
Spanien
Teneriffa

Nordeuropa

Bornholm
Dänemark
Finnland
Island
Kopenhagen
Norwegen
Schweden

Osteuropa

Baltikum
Budapest
Königsberg/ Ostpreußen Nord
Masurische Seen
Moskau
Plattensee
Polen
Prag
Riesengebirge
Rumänien
Russland
St. Petersburg
Slowakei
Tschechien
Ungarn

Österreich Schweiz

Berner Oberland/ Bern
Kärnten
Österreich
Salzburg/ Salzkammergut
Schweiz
Tessin
Tirol
Wien
Zürich

Westeuropa und Benelux

Amsterdam
Brüssel
England
Flandern
Irland
Kanalinseln
London
Luxemburg
Niederländ. Küste
Niederlande
Schottland
Südengland
Wales

Südosteuropa

Athen
Bulgarien
Chalkidiki
Griechenland Festland
Griechische Inseln/Ägäis
Ionische Inseln
Istrien/Kvarner
Istanbul
Korfu
Kos
Kreta
Kroatische Küste
Peloponnes
Rhodos
Samos
Türkei
Türkische Mittelmeerküste
Zypern

Nordamerika

Alaska
Chicago und die Großen Seen
Florida
Hawaii
Kalifornien
Kanada
Kanada Ost
Kanada West
Los Angeles
New York
Rocky Mountains
San Francisco
USA
USA Neuengland
USA Ost
USA Südstaaten
USA Südwest
USA West
Washington, D.C.

Mittel- und Südamerika Antarktis

Antarktis
Argentinien/ Buenos Aires
Bahamas
Barbados
Brasilien/ Rio de Janeiro
Chile
Costa Rica
Dominikanische Republik
Ecuador/ Galapagos
Jamaika
Karibik I
Karibik II
Kuba
Mexiko
Peru/Bolivien
Südamerika
Venezuela
Yucatán

Afrika Vorderer Orient

Ägypten
Dubai/Emirate/ Oman
Israel
Jemen
Jerusalem
Jordanien
Kenia
Libanon
Marokko
Namibia
Südafrika
Syrien
Türkei
Türkische Mittelmeerküste
Tunesien

Asien

Bali/Lombok
Bangkok
China
Hongkong
Indien
Japan
Ko Samui/ Ko Phangan
Malaysia
Nepal
Peking
Philippinen
Phuket
Singapur
Sri Lanka
Taiwan
Thailand
Tokio
Vietnam

Indischer Ozean Pazifik

Australien
Hawaii
Malediven
Mauritius
Neuseeland
Seychellen
Südsee

Sprachführer

Arabisch
Englisch
Französisch
Griechisch
Italienisch
Kroatisch
Niederländisch
Norwegisch
Polnisch
Portugiesisch
Russisch
Schwedisch
Spanisch
Tschechisch
Türkisch
Ungarisch

Im Register sind alle in diesem Führer erwähnten Orte und Ausflugsziele unter ihrem tschechischen, bei Hauptorten auch unter ihrem deutschen Namen verzeichnet. Halbfette Seitenzahlen verweisen auf den Haupteintrag, kursive auf ein Foto.

Schreiben Sie uns!

Liebe Leserin, lieber Leser,

wir setzen alles daran, Ihnen möglichst aktuelle Informationen mit auf die Reise zu geben. Dennoch schleichen sich manchmal Fehler ein – trotz gründlicher Recherche unserer Autoren/innen. Sie haben sicherlich Verständnis, dass der Verlag dafür keine Haftung übernehmen kann. Wir freuen uns aber, wenn Sie uns schreiben.

Senden Sie Ihre Post an die MARCO POLO Redaktion,
Mairs Geographischer Verlag, Postfach 31 51, 73751 Ostfildern,
marcopolo@mairs.de

Impressum

Titelbild: Marienbad (G. Hartmann)
Fotos: Bilderberg: Kallay (48), Reiser (89), Sloup (102); J. Gläser (U. r., 4, 24, 39, 40); G. Hartmann (2 M., 5 l., 6, 9, 10, 12, 15, 18, 27, 34, 43, 52, 55, 60, 65, 67, 82, 83, 84, 88, 92, 98, 106, 115); HB Verlag (76); HB Verlag: Kluyver (20), Spiia (5 r., 17, 22, 25, 35, 46, 97, 101, 105); Janfot: Janicek (1); Lade: Krecichwost (72, 77); Mauritius: Mehlig (U. M., 66, 86), Vidler (2 o.); D. Renckhoff (U. l., 28, 31, 71); T. Stankiewicz (7, 33, 50, 58, 95); P. Trummer (26)

3. (6.), aktualisierte Auflage 2002 © Mairs Geographischer Verlag, Ostfildern
Herausgeber: Ferdinand Ranft, Chefredakteurin: Marion Zorn
Bildredakteurin: Gabriele Forst
Kartografie Reiseatlas: © Mairs Geographischer Verlag/Falk Verlag, Ostfildern
Gestaltung: red.sign, Stuttgart
Sprachführer: in Zusammenarbeit mit dem Ernst Klett Verlag GmbH, Stuttgart, PONS Wörterbücher

Printed in Germany. Gedruckt auf 100% chlorfrei gebleichtem Papier

Bloß nicht!

Auch in Tschechien gibt es Touristenfallen und anderes, was Sie vermeiden sollten

Autodiebe unnötig in Versuchung führen
Möchten Sie hauptsächlich nach Prag, sollten Sie auf das Auto verzichten. Es passiert zu leicht, dass es aufgebrochen oder geklaut wird. Der innerstädtische Stop-and-go-Verkehr lädt außerdem nicht gerade zu Citytouren ein. Mit Metro, Tram und Bus kommen Sie Tag und Nacht preiswert an jeden gewünschten Ort. Anders sieht die Situation in Kleinstädten aus. Dort können Sie die meist bewachten zentralen Parkplätze in der Innenstadt ansteuern. Auf alle Fälle empfiehlt sich zur Abschreckung eine mechanische Wegfahrsperre.

Deutsch sprechen auf Teufel komm raus
Versuchen Sie, sich ein paar tschechische Höflichkeitsfloskeln zu merken, und setzen Sie bei Bestellungen in der Kneipe nicht voraus, dass dort alle Deutsch verstehen. In einem Lokal an Ihrem Heimatort würde man auch etwas pikiert dreinschauen, wenn Tschechen dort in ihrer Sprache einfach drauflosplaudern würden.

Geld tauschen mit Wahnsinnsgebühren
Gehen Sie zum Geldtauschen in eine Bank, oder nutzen Sie (mit ec-Karte und Geheimzahl) die zahlreich vorhandenen Geldautomaten, statt sich in Wechselstuben Wahnsinnsgebühren abknöpfen zu lassen. Und kommen Sie auf gar keinen Fall in Versuchung, auf der Straße schwarz zu tauschen. Bei freien Wechselkursen kann man logischerweise nur mit Zeitungsschnipseln Gewinne verbuchen.

Taxiabenteurern auf den Leim gehen
Steigen Sie – vor allem in Prag – nicht in ein x-beliebiges Taxi. Die Standgebühren im Zentrum sind oft so hoch, dass die Fahrer ihr Gehalt durch überhöhte Preise aufbessern wollen. Bestellen Sie stattdessen (auf Englisch) einen Wagen der seriösen Firma AAA *(Tel. 24 32 24 32)*. Eine Fahrt vom Bahnhof zur Karlsbrücke kostet ca. 100 Kronen.

Das Wort »Tschechei« in den Mund nehmen
Auf eines sollten Sie unbedingt achten: Als Landesbezeichnung hat sich der Begriff »Tschechien« durchgesetzt. Die Bezeichnung »Tschechei«, die im Dritten Reich, aber auch in der DDR geläufig war, bringt man in Tschechien mit der nationalsozialistischen Besatzungszeit in Verbindung, weshalb es schon eine Frage der Höflichkeit Ihrem Gastland gegenüber ist, diese Bezeichnung zu vermeiden.